未名社科·大学经典

# 政府论
### （下篇）

〔英〕约翰·洛克 著
丰俊功 张玉梅 译

北京大学出版社
PEKING UNIVERSITY PRESS

图书在版编目(CIP)数据

政府论.下篇/(英)洛克(Locke,J.)著;丰俊功,张玉梅译.—北京:北京大学出版社,2014.9
(未名社科·大学经典)
ISBN 978-7-301-24767-9

Ⅰ.①政… Ⅱ.①洛… ②丰… ③张… Ⅲ.①政治制度—研究 Ⅳ.①D033

中国版本图书馆 CIP 数据核字(2014)第 204778 号

书　　　名：政府论(下篇)
著作责任者：〔英〕约翰·洛克　著　丰俊功　张玉梅　译
责 任 编 辑：张盈盈
标 准 书 号：ISBN 978-7-301-24767-9
出 版 发 行：北京大学出版社
地　　　址：北京市海淀区成府路 205 号　100871
网　　　址：http://www.pup.cn　新浪官方微博:@北京大学出版社
电子信箱：ss@pup.pku.edu.cn
电　　　话：邮购部 62752015　发行部 62750672　编辑部 62753121
　　　　　　出版部 62754962
印 刷 者：北京汇林印务有限公司
经 销 者：新华书店
　　　　　890 毫米×1240 毫米　A5　　7 印张　　138 千字
　　　　　2014 年 9 月第 1 版　　2018 年 11 月第 3 次印刷
定　　　价：25.00 元

未经许可,不得以任何方式复制或抄袭本书之部分或全部内容。
版权所有,侵权必究
举报电话:010-62752024　电子信箱:fd@pup.pku.edu.cn

约翰·洛克
(John Locke, 1632—1704)

## 经典作家小传

约翰·洛克

(John Locke,1632—1704)

英国哲学家,与乔治·贝克莱、大卫·休谟一起被列为英国经验主义的代表人物。洛克的思想对后世的政治哲学有深远的影响,并被视为启蒙时代最具影响力的思想家和自由主义者。伏尔泰、卢梭就深受其影响,他的理论也激励了后来的美国独立战争与法国大革命。

洛克曾就读于牛津大学基督教堂学院,在求学期间他的兴趣转向了医学。后来因医治好了沙夫茨伯里伯爵的疾病,成为伯爵的助手兼医生。伯爵是辉格党创立者之一,他于1672年被指派为英国大法官,随后失势,洛克在此期间开始撰写《政府论》一书。他提出的自然权利以及政府理论在当时来说可谓相当激进。1683年,洛克被怀疑涉嫌刺杀国王被迫逃亡荷兰,在此期间他撰写了大量著作。1688年返回英国后,他的著作接连出版,其中包括《政府论》《人类理解论》《论宽容》。

《政府论》分为上下两篇。上篇是洛克反驳罗伯特·菲尔默爵士关于君权神授的观点,主张政府的权威只能建立在民众同意的基础之上；下篇提出，当政府违反社会契约论的时候，人们有权推翻其统治，这被后人认为是巧妙地暗示读者当时英国的国王已经违反了这个理论，为将要发生的"光荣革命"作辩护。

洛克的主要政治思想都体现在《政府论》中，该书对英国政治、经济的发展起到了巨大的推动作用。即使到今天，该书都有着巨大的思想启蒙意义。

洛克的墓志铭是这样写的：

> 停下你的脚步啊，路人！躺在这里的就是约翰·洛克。如果你想问他是怎么样的一个人，他会说他是一个以自己的小财产过着满足生活的人。身为一个学者，他以追求真相为他学习的唯一目标，你可以在他的著作里发现这点，任何有关他的事物都写在他的著作里了，也都比本墓志铭对他的赞美还要真实。确实，他的美德，并不足以让他自己提出来炫耀，也不足以拿来给你做为典范。让他犯下的邪恶随着尘土掩埋吧。如果你要寻求做人的典范，去从《圣经》里找寻吧；如果你要寻找邪恶的典范，希望你不会找到它；如果你要寻找死人（如果这能够帮助你的话），你在这里就可以找到一个，也可以在任何其他地方找到啊。

# 名师点评

约翰·洛克被称作是美国的哲学家,他是我们的国王——就一个哲学家曾是一个伟大国家的国王而言。因而,我们美国人比世界上其他的民族更有责任和经验判断他的学说的正确性。

——列奥·施特劳斯、约瑟夫·克罗波西(美国芝加哥大学,《政治哲学史》)

自由主义的核心要素第一次被提炼为一套一致的知识传统,并通过一个强有力的政治运动表达出来,是在英国内战期间以及光荣革命之后的辉格党人执政期间,其最重要的代表是洛克的《政府论》(下篇)。

——李强(北京大学,《自由主义》)

自然法理论和社会契约论在英国政治学家和哲学家洛克的理论工作中得到了出色的运用。洛克认为,自然法是国家和实在法的根本;人根据自然法享有基本的自然权利,其中最重要的包括自由、财产和生命;人们之所以通过订立社会契约建立政府,就是为了保护这些权利;政府的行为是否合法,唯一的判断标准就看它是否有效地承担了这一责任;如果统治者违背了他们最根本的职责,人们有权将其推翻并建立一个新的、能够真正满足他们的需要的政府,在这个过程中,人们甚至有权杀死暴君。这便是自由主义政治哲学最早的系统阐述。

............

洛克是西方近代政治思想家中最先明确地把国家权力划分为立法权、行政权和外交权三个部分的人。洛克进行这种划分,一方面当然考虑到三种权力本身具有不同的属性,但他的根本目的则是通过对权力的分立实现对权力,首先是制定法律的权力,的约束。

——唐士其(北京大学,《西方政治思想史(修订版)》)

洛克赞同英国1688年的革命和其解决方式,它对王权施加了某种宪法上的限制。他摒弃那种在各种领域都高踞在上的强大权利的观念。对他来说,"政府"制度可以被看作,也应当被看作保护公民"生命、自由和财产权"的"工具";这就是说,政府的存在是保护个人权利的,这些权利由上帝的意志设定,被法律奉为神圣。

............

洛克的著作……直接预见到了现代国家的核心概念。洛克无疑是自由主义的首要的伟大的倡导者之一,他的著作明显促进了自由主义和自由主义民主政府的发展。

——戴维·赫尔德(英国开放大学,《民主的模式》)

洛克的政治思想,从社会契约论到财产说,从政教分离到法治、分权都是他自由主义思想不可分割的组成部分,无论从理论上还是实践上都富有生命力和创造性。

——浦兴祖、洪涛(复旦大学,《西方政治学说史》)

# 目 录

第一章 / 001

第二章 论自然状态 / 007

第三章 论战争状态 / 019

第四章 论奴役 / 027

第五章 论财产 / 033

第六章 论父权 / 053

第七章 论政治社会或公民社会 / 073

第八章 论政治社会的起源 / 087

第九章 论政治社会和政府的目的 / 109

第十章 论国家的形式 / 115

第十一章 论立法权的范围 / 119

第十二章 论国家的立法权、执行权和外交权 / 129

第十三章 论国家权力的归属 / 135

第十四章　论特权　/ 145

第十五章　综论父权、政治权力和专制权力　/ 153

第十六章　论征服　/ 159

第十七章　论篡夺　/ 175

第十八章　论暴政　/ 179

第十九章　论政府的解体　/ 189

# 第一章

### 经典名句

◆ 当今世界上的统治者们如果想从"亚当的个人统治权和父权是一切权力的根基"这一说法中获得裨益,或从中妄图得到些许权威,那是毫无可能的。

◆ 我认为,政治权力就是一种为了管理和保护财产而制定判处死刑和一切较轻处罚的法律的权利,以及通过民众全体的力量执行这些法律并捍卫国家不受外敌侵害的权利;而这一切只是为了维护公共利益。

AN
# ESSAY
CONCERNING
THE
TRUE ORIGINAL EXTENT
AND END
OF
CIVIL GOVERNMENT.

THE LATE LEARNED

JOHN LOCKE, Esq.

*BOSTON*:
Re-Printed andSold by EDES and GILL, in
Queen-Street, 1773.

《政府论》原版封面

**§1** 上篇论著已经阐明：

第一，亚当并非是基于父亲身份的自然权利或上帝的明确赐予，才享有某些人宣称的那种对子女的支配权或对整个世界的统治权。

第二，即使亚当享有这种权力，他的继承人也没有权利享有。

第三，即使亚当的继承人享有这种权力，但是因为自然法和上帝的实在法并未确定在任何情形下谁是合法继承人，所以也就无从确定继承权，进而也就无从确定谁应掌握统治权。

> 实在法（positive law）：自然法的对称，指享有立法权的君主个人或代议制立法机构，或直接民主制中的民众大会所制定的法律规范。

第四，即使上述问题已经确定，但谁是亚当的嫡系后裔，因为时间久远的缘故，有关知识早已亡佚殆尽，因而人类各种族和世界上的各个家族都不能自命是亚当最早的嫡传后裔，并声称享有继承的权利。

我认为所有的前提都已交待得非常清楚了，因此，当今世界上的统治者们如果想从"亚当的个人统治权和父权是一切权力的根基"这一说法中获得裨益，或从中妄图得到些许权威，那是毫无

罗伯特·菲尔默爵士（Sir Robert Filmer,1588—1653），英国贵族，主张君权神授，代表作《先祖论》出版于1680年，该书认为：国王的权力来自上帝。上帝创造了第一个人亚当，同时授予他统治万物的权力，亚当不仅是第一个家长，还是第一个国王，这种父权和王权是世袭的，代代相传。上图为当时的书影。

可能的；有人认为，世界上所有的政府都只是武力和暴力的产物，人们生活在一起遵循着强者居之的野兽法则而非其他法则，从而为永无休止的混乱、灾患、骚乱、蛊惑人心和叛乱（这都是此假设的支持者极力反对的）种下了祸根，如果他无法给出合适的理由对此予以说明，那么他必须寻找一种说法，与罗伯特·菲尔默爵士的说法不同，即另一种政府起源、政治权力起源以及指定和明确享有这种权力的人的方法的说法。

§2 为此目的，我想现在是时候讨论我对政治权力的看法了。最高统治者（magistrate）对民众的权力不同于父亲对子女的

> "magistrate"一词通常译作"治安法官"，属于公共文职官员，但是具有立法、行政或司法权，含义极广。在英国，这类官员是对刑事或准刑事案件具有简易裁判权的司法官员。包括两类：一类是荣誉治安法官（honorary magistrate），由太平绅士（justices of the peace）组成；另一类是领薪治安法官（stipendiary magistrate），通常被任命于人口较多地区履行职责，其权限要比普通的太平绅士宽泛。"Magistrate"一词还有"最高统治者"的意思，指某一政府机构中职位最高者，比如皇帝、君主、总统等。此词在本书翻译过程中结合语境翻译为"法官"、"官员"或"统治者"。

权力、主人对奴仆的权力、丈夫对妻子的权力以及奴隶主对奴隶的权力。因为所有这些不同的权力有时候会掌握在同一人手中，如果我们将他置于这些不同的关系之下进行综合考察，这将有助于我们区分这些权力之间存在的差异，辨别出一国之首、一家之主和一船之长的区别。

§3 我认为，政治权力就是一种为了管理和保护财产而制定判处死刑和一切较轻处罚的法律的权利，以及通过民众全体的力量执行这些法律并捍卫国家不受外敌侵害的权利；而这一切只是为了维护公共利益。

## 第二章 论自然状态

### 经典名句

◆ 自然状态由约束每个人的自然法支配;而理性,也就是自然法,它教导遵守它的全人类:所有人平等而独立,任何人不能侵害别人的生命、健康、自由或财产。

◆ 既然我们生来就拥有了同样的身心能力,在同一个自然社会中分享一切,那么我们之间就不存在任何从属关系。

◆ 罪犯在触犯自然法时,他就已经表明自己以另一种不同于理性和公道的准则活着,而理性和公道准则是上帝为了保证人类的共同安全而为人类设定的行为尺度。因此,他就成了对人类有危险的人,他蔑视和破坏了保护人们免受侵害和暴力威胁的约束准则。

伊甸园

§4 为了正确理解政治权力并追溯其起源,我们必须考察人类原来处于什么样的自然状态。那是一种完美的自由状态,人们在自然法范围之内,按照自己认为合适的方法采取行动,处理自己的财产和人身,而不必听命于别人或仰赖于任何人的意志。

这也是一种平等的状态,在这种状态下,所有的权力和管辖权都是相互的,没有哪个人享有的权力比别人多;显而易见,同种族和同等地位的生物生来就享有自然赐予的同等优势,并能够运用同等的身心能力,因此它们之间也应该相互平等,不存在从属或隶属关系,除非上帝和它们的主宰明确昭示了自己的意志,让一个凌驾于另一个之上,并通过明确清晰的委任授予其不容置疑的统治权和主权。

§5 "贤明的胡克"认为,人类生而平等,这是不言而喻的,也是不容置疑的,因此他将之作为人类互爱义务的基础,以此为基础,他确立了人类彼此之间应尽的种种责任和义务,并由此引申出了正义和仁

"贤明的胡克"是指理查德·胡克(Richard Hooker, 1554—1600),英国神学家,著有《论教会政体的法律》。

爱的重要准则。他的原话是:

> 同样的自然动机使人们认识到,爱人和爱己是他们的责任;因为凡是平等的事物须用同一尺度衡量;如果我想从中受益,甚至希望自己获得的与别人希望获得的同样多,除了我尽心尽力地满足其他具有同一和同样本性的人必定也有的同样期望之外,那么我应该期待如何满足我在这方面的所有期望呢?如果我为人们提供与这种期望相反的东西,必定会在各个方面给别人造成同等情况下给我自己带来的同样多的痛苦;所以,如果我造成了伤害,那么我必定会遭受痛楚,因为与我为他们付出的爱相比,别人没有理由为我付出更多的爱:由此,如果我期望从那些与我本性相同的人那里获得尽可能多的爱,那么我就应当对他们承担一定的自然义务,全身心地为他们付出同样的情感;从"我们"与和我们一样的"他们"之间的平等关系上,自然理性引申出了指导生活的诸多规则和准则,这是所有的人都应该遵守的。

(《宗教政治》,第 1 卷)

§ 6 虽然这是一种自由状态,但却不是一种放任状态:在这种状态下,虽然人们有无限的自由处理自己的人身或财产,但是他没有毁灭自身或他所占有的任何生物的自由,除非有比单纯保留他们更崇高的目的要求毁灭它。自然状态由约束每个人的自然法支配;而理性,也就是自然法,它教导遵守它的全人类:所有人平等而独立，任何人不能侵害别人的生命、健康、自由或财产。因为全人类都是充满无穷智慧的万能造物主的创造物，人们都是这个最高主宰的奴仆，奉他之命来到人世并完成他的使命，所以人类归他所有，是他的创造物，由他决定人们在世间延续多久，而不是人们彼此之间相互决定的。既然我们生来就拥有了同样的身心能力，在同一个自然社会中分享一切，那么我们之间就不存在任何从属关系。这种从属关系可能会成为我们互相毁灭的理由，犹如我们生来就是为彼此所用，如同低等动物生来就为我们所用一样。每个人都必须保护自己，不能随意放弃自己的地位，基于同样的原因，当他保护自己不成问题时，他就应该尽其所能保护好其他人；除非是为了惩治罪犯，否则人们就不应该剥夺或损害另一个人的生命，或一切有助于保护另一个人的生命、自由、健康、肢体或利益免受侵害的事物。

§7 为了防止所有的人侵犯他人权利，防止人们彼此相互伤害，使大家都遵守旨在维护和平和保护全人类的自然法，在这种状态中，自然法交由每个人去执行，所有的人藉此就获得了惩罚那些违反自然法的人的权利，从而也就阻止了人们违反自然法。和世界上其他与人类有关的所有法律一样，在自然状态中，如果没有人享有执行法律的权力，无法保护无辜的人和约束罪犯，那么自然法就会形同虚设。在自然状态中，如果有人可以因他人的恶行而施以惩罚，那么人人也都可以这么做：因为在完全平等的状态下，一个人对他人并不享有更高的地位和管辖权，因此，在执行自然法时有些人可以做的事，其他人必然也同样有权利去做。

§ 8 因此，在自然状态中，一个人就这样获得了支配别人的权力。但是，当他抓住一个罪犯时，他并没有绝对或肆意的权力借着冲动暴怒或随心所欲地处置他们，而只能根据冷静的理性和良心的指示，参照他所犯的罪行，对他施以相应惩罚，最终达到补偿和约束的目的。因为补偿和约束是一个人为什么可以合法伤害另一个人，即我们称之为惩罚的唯一理由。罪犯在触犯自然法时，他就已经表明自己以另一种不同于理性和公道的准则活着，而理性和公道准则是上帝为了保证人类的共同安全而为人类设定的行为尺度。因此，他就成了对人类有危险的人，他蔑视和破坏了保护人们免受侵害和暴力威胁的约束准则。这是对全人类的侵犯，也是对自然法规定的全人类和平与安全的侵犯。在自然法规定的和平与安全基础之上，人人都享有保障人类的权利，因此人人有权约束或在必要时毁灭一切对他们有害的东西。这样就可以惩罚那些触犯自然法的人，使他们为自己的胡作非为感到后悔，并以儆效尤，使他和别人不敢再为祸一方。在这种情况下，人人因此就都有了惩罚罪犯和充当自然法执行者的权利。

§ 9 对一些人而言，这似乎是一种奇怪的学说，但我对此并不怀疑。但是在他们质疑这一学说之前，我希望他们能为我解释清楚：根据什么权利，一个国家的君主或国家可以对那些在他们国家犯罪的外国人处以死刑或进行惩罚？可以肯定的是，他们的法律是通过公布本国立法机关的意志才生效的，其法律效力并不涉及外国人。这些法律并非针对他而制定，即使是，他也不会遵守这些法律。对本国臣民具有约束力的立法权，对他却是无效的。对于一个印第安人而言,那些在英国、法国和荷兰享有最高立法权的人和世界上其他人一样,都没有任何权威可言。由此可见,根据自然法,每个人都没有权力惩罚那些违反自然法的人,尽管按照冷静的判断认为有此必要,但是我不明白任何共同体的最高统治者怎么可以惩罚另外一个国家的人。因为对这个外国人而言,他们所享有的权力并不多于自然赋予一个人对另一个人享有的权力。

§10 犯罪包括违反法律和违背理性法律准则,这些会使人走向堕落,这表明他自己宣布抛弃了人性原则,而变成了一个道德败坏的人。除此之外,犯罪通常还包括对一些人或他人造成的侵害,以及因为他的罪行而使别人遭受的所有损失。在这种情况下,遭受损失的受害人除了享有与其他人共同享有的惩罚权之外,还享有要求犯罪人赔偿损失的特殊权利。其他认为这样做正当的人也可以与受害人一起,帮助受害人向犯罪人索取相应的损害赔偿。

§11 由此可见,惩罚犯罪的权利有两种:一种是惩罚犯罪,防止类似事件再次发生的权利,这是所有人都享有的惩罚权;另一种是要求赔偿的权利,只有受害方才享有此权利。我们从这两种不同的权利中可以得出,治安法官基于自己的身份享有执行惩罚的共同权利,当公共利益要求不执行法律的时候,他通常可以根据自己的职权免除对犯罪行为的惩罚,但他却不能使受到损害的个人放弃应得的赔偿。遭受损失的人享有以自己的名义提出赔偿的权利,也只有他自己才有放弃的权利。根据自我保护权利,受害人有权占有罪犯的物品和劳役;正如同根据人人享有保护全人类的权利,并为此享有可以采取任何合理行为的权利,人人都有权惩罚犯罪,并防止此类犯罪行为再次发生。因此,在自然状态下,每个人都有权处死杀人犯,通过杀一儆百防止他人做出类似无法赔偿的损害行为,同时也是为了保护人们不受罪犯的侵害。这些罪犯已经泯灭了理性,践踏了上帝赐予全人类的共同准则和尺度,并通过对别人施以非正义的暴力和杀戮向全人类宣战;他们就像狮子和老虎这样残暴的野兽一样,人类无法与之共处,也不能获得安全感,所以人们可以像毁灭狮子和老虎那样毁灭他们。伟大的自然法"凡使人流血者,其血也必为人所流"就是以此为根据的。人人都有消灭这种罪犯的权利,该隐对此深信不疑,所以他杀死自己的弟弟之后哭喊到:"凡遇见我的必杀我。"可见,这早已铭刻在人们心中。

该隐是《圣经》中的人物,亚当的长子。该隐因为嫉妒弟弟亚伯而将他杀害。图为该隐试图杀害亚伯。

§12 基于同样的原因,在自然状态中,一个人可以对轻犯自然法的行为做出惩罚。也许有人会问,是否可以处以死刑?我的回答是,对犯罪行为进行处罚的程度和轻重的标准是,使罪犯感到得不偿失,幡然醒悟,并且震慑他人不犯同样的罪行。在自然状态中发生的罪行,应在自然状态中得到应有的惩罚,这与在国家状态下的情况大相径庭。尽管我并不打算在这里详细论述自然法的具体规定或惩罚措施,但可以肯定的是,自然法确实是存在的。而且对于自然法的研究者而言,它是浅显易懂的,正如同各国的实在法一样可以理解和浅显易懂,甚至可能还要更浅显些。这正如,相对于人们用语言表达矛盾和隐藏的利益时充斥着幻想与错综复杂的阴谋诡计而言,理性更容易被理解。各国大部分的国内法的确是这样,这些法律只有以自然法为根据时才是公正的,所以它们的规定和解释必须以自然法为根据。

§13 我并不怀疑下面这个奇怪的学说,即"在自然状态下,人人都有执行自然法的权力"。但有人提出反对,认为人们充当自己案件的裁决者是不合理的。这是因为,一方面,自私容易使人们偏袒自己和朋友;另一方面,内心险恶、感情用事和报复心理容易使他们过分地惩罚别人。这于事无补,只能造成混乱和骚动,因此上帝必然会用政府来制止人类的偏袒和暴力。我承认,公民政府是解决自然状态存在种种弊端的恰当方法。因为人们担任自己案件的裁决者确实存在很大的问题。不难想象,一个连自己的亲兄弟都能残害的人,是不会怀有正义之心宣告自己有罪的。但是,我希望提出反对意见的人们记住,专制君主也是人。如果设立政府是为了补救因为人们充当自己案件的裁决者而必然产生的那些弊端,因而使人们难以忍受自然状态,那么我想知道，如果一个统御民众的人在自己的案件中有充当裁决者的自由，还能随意处置所有的臣民，而任何人却没有一点质疑或控制那些凭个人好恶执行法律的人的自由，不管他所做的事情是受到理性、错误或情感支配，臣民都必须服从，那这将是一种什么样的政府呢？它比自然状态又好多少呢？自然状态要好得多，人们不必服从于另一个人的不公平意志。如果裁决者是在自己的案件或他人的案件中做出了错误的裁决，那么他必须对其他人负责。

**§14** 经常会有人提出下面这个问题以作为一个重大反对意见：哪里存在或哪里曾有过生活在自然状态中的人呢？我认为现在这样回答就足够了：既然世界上所有独立政府的君主和统治者都处于自然状态之中，那么显而易见，世界上并不缺少也不曾缺少处于这种状态的人。在这里，我指的是独立社会的一切统治者，而不管他们是否和别人结盟。因为并非每一个契约都会终止人们之间存在的自然状态，而是只有大家共同同意加入一个共同体，最终组成一个国家时才会终止自然状态。人们可以互相承诺和订立契约，但仍处于自然状态之中。例如，两个人在荒芜不毛的岛上，如加西拉索·德拉维加在他的秘鲁史中提到的，或一个瑞士人和一个印第安人在美洲森林中达成的承诺或订立的交易契约，虽然他们完全处于自然状态之中，但是对他们双方是有约束力的。因为诚实和守信是作为人的品质，而不是作为社会成员的品质。

> 国家，原文为"body politic"，指在一个政府领导下组成一个政治集团的人民。

§ 15 有些人认为,从来没有人生活在自然状态之中。对于持这种观点的人,我可以引用这一领域的权威人物"贤明的胡克"的话来反驳。胡克在《论教会政体的法律》第 1 章第 10 节中写道:"即使他们只是作为人,虽然尚未形成固定的关系,彼此之间也尚未就做什么或不做什么达成任何正式协议,但是到目前为止提到的法律,即自然法对人们具有绝对的约束力;但是,由于我们依靠自己无法提供那么多满足我们的天性所必需的、与人的尊严相称的生活必需品,所以,为了弥补我们仅凭自己单独生活所带来的缺点和缺陷,人们自然而然就会聚在一起共同生活,这便是人们最初联合形成政治社会的原因。"另外,我敢断定,所有人都自然处于这种状态之中,直至他们同意自己成为某一政治社会的成员,这种状态才宣告结束。我会在以后的论述中进行清楚的说明。

加西拉索·德拉维加(Garcilaso de la Vega,1539—1616 年),其父亲是西班牙贵族,母亲是印加王近亲。著有《印卡王室述评》,是一部有关古代南美洲印加帝国史的文献,全书共包括九卷,下分 262 章。

# 第三章　论战争状态

## 经典名句

◆ 如果人们基于理性生活在一起,根本不存在一个有权对他们进行审判的共同上级,那么他们就是生活在自然状态之中。而当一个人对另一个人使用武力或企图使用武力时,根本不存在一个可以申诉解决的共同上级,这就是战争状态。

◆ 不论何时,只要使用了暴力且造成了伤害,哪怕任命的执法者使用了暴力,那也仍然是暴力和伤害,只不过是借法律的名义、借口或形式掩饰而已,而法律的最终目的是通过公正的实施以保护和救助受法律支配的无辜者。在法律无法实现这一目的的地方,那些根本无法通过申诉维权的受害者就会被迫发动战争,在这样的情况下,他们就只有求助于上天寻求救济了。

人类历史上的战争屡见不鲜

**§ 16** 战争状态是一种敌对和毁灭的状态。如果一个人用语言或行动打算图谋另一个人的性命，而这个决定又并非意气用事和草率冲动，而是经过了深思熟虑，这样他就使自己与他对其宣告意图的一方处于战争状态了。这样一来，那个人或任何与之共同防卫并支持那个人的人就有权力剥夺他的生命。我有权毁灭那些威胁我的人，这是合理而正当的。因为根据自然法基本原则，人应该尽可能受到保护，当他无法保护所有人时，应优先保护无辜者的安全。一个人有理由毁灭那些对他宣战或有敌意的人，犹如他可以杀死一只野狼或狮子。因为这种人不受共同理性准则的约束，除了武力和暴力之外，没有其他准则可依照，因此可以把他们当危险恶毒的猛兽对待，人们一旦落入他们之手，必会遭到毁灭。

**§ 17** 因此，如果谁试图将他人置于自己的绝对权力之下，那么谁就使自己与他人处于战争状态了，这可以理解为图谋他人性命的宣告。我有理由断定，那些未经我同意就将我置于其权力之下的人，在得到我以后就会肆意奴役我，甚至可能会毁灭我。除非通过暴力强迫我，但这侵害了我的自由权，亦即使我沦为奴隶，否则谁也不能将我置于其绝对权力之下。因此，免遭这种暴力是自我保护的唯一保障。理性使我认识到,谁拆除我防护自由的屏障,我就将他视为危害我生存的敌人。因此,试图奴役我的人就与我处于战争状态了。在自然状态中,如果有人想剥夺属于他人的自由,那就必然会被认为想要剥夺他人其他一切东西。同样,在社会状态中,如果有人想要剥夺属于那个社会或国家的人们的自由,就必然会被认为想要剥夺这个社会或国家的一切,如此,也就被看做处于战争状态了。

§ 18 这就使一个人可以合法地杀死盗贼,尽管盗贼并未伤害他,也没有宣称要图谋他的性命,而只是用暴力控制了他,抢他的钱财和心爱之物。不管盗贼有什么借口,他都没有权利使用暴力控制我。我没有理由相信,剥夺我自由的人未必就不会夺走我的一切。因此我可以合法地认为,是他使自己与我处于战争状态的。也就是说,如果我能这么做的话,我可以杀掉他。不管是谁挑起了这种战争状态,也不管谁是这种状态中的侵略方,都要直面这种危险的处境。

§ 19 这就是自然状态和战争状态之间的明显差异,但有些人还是将两者混为一谈。正如和平、善意、互相帮助和保护与敌对、恶意、暴力和互相残杀之间存在的差异,两者其实有天壤之别。如果人们基于理性生活在一起,根本不存在一个有权对他们进行审判的共同上级,那么他们就是生活在自然状态之中。而当一个人对另一个人使用武力或企图使用武力时,根本不存在一个可以申诉解决的共同上级,这就是战争状态。虽然侵害者是社会的一员或同是一国的臣民,但是因为缺乏申诉,所以就赋予了一个人反对侵害者的战争权利。因此，对于偷了我所有值钱财物的小偷，我不能伤害他，而只能诉诸法律；但是当他攻击我时，虽然从我身上抢走的仅仅是马匹或大衣，我却可以杀死他。这是因为，为了保护我人身安全而制定的法律无法干预正在发生的暴力并保护我的生命，而宝贵的生命一旦失去就无法挽回，因此，我有权自卫，甚至有发动战争的权利和杀死侵害者的自由。因为缺少一个有权威的共同裁决者，所以所有的人都处于自然状态：不管是否存在一个共同的审判者，如果不是基于权利而是以暴力强制他人，就造成了战争状态。

§ 20 但是，当实际的暴力行为终止时，社会中那些人们之间的战争状态也就终结了，并且双方都会服从法律的公正裁决。因为这时可以通过申诉对以往的伤害进行赔偿和防止将来发生伤害。但是在无法申诉的时候，比如在自然状态中，因为不存在实在法和权威裁决者可以申诉，所以战争状态一经开始便会持续下去。因此，无论何时，只要无辜的一方能做到，他就有毁灭对方的权利，直到侵害者主动提出和平共处，并表示愿意达成和解，赔偿因其已犯的过错而造成的损失，且保障无辜方今后的安全。不仅如此，即便可以诉诸法律，也可以向任命的裁决者申诉，但是因为存在明目张胆的妨碍司法行为和公然的徇私枉法行为，使某些人或某些党徒的暴力或伤害行径受到了保护或免于惩罚，这就使得法律救济无法彰显，除了战争状态，我们很难想象出还有什么情况。不论何时，只要使用了暴力且造成了伤害，哪怕任命的执法者使用了暴力，那也仍然是暴力和伤害，只不过是借法律的名义、借口或形式掩饰而已,而法律的最终目的是通过公正的实施以保护和救助受法律支配的无辜者。在法律无法实现这一目的的地方,那些根本无法通过申诉维权的受害者就会被迫发动战争,在这样的情况下,他们就只有求助于上天寻求救济了。

§ 21 人们组成社会和脱离自然状态的一个重要原因,就是为了避免这种战争状态(在战争状态,人们除了祈求上天没有其他申诉的地方,并且因为没有权威对争夺双方做出裁决,这样每一个细小的纠纷都有可能导致爆发战争)。如果世界上存在一个权威或一种权力,可以通过申诉解决,那么战争状态的延续就会被阻断,而争执则可以由这种权力裁决。如果当初就存在这样一种法院,由人世间的高级法院解决耶弗他和亚扪人之间的纠纷,那么他们之间就不会发生旷日持久的战争了。但我们看到的是,他们被迫求助于上天:"愿最高审判者耶和华,今日能在以色列人和亚扪人之间做出公断"(《旧约·士师记》,第11章,第27节)。然后他们进行了控诉,并依靠这个申诉,耶弗他率领军队投入了战斗。因此,在这样的争端中,问题应该提交到什么地方?谁是裁决者?这并不意味着应该由谁对争端进

---

据《圣经·士师记》记载,耶弗他是以色列士师年代住在基列的以色列人。他曾率领大军与亚扪人兵戎相见。出征前,耶弗他许愿,如果耶和华将亚扪人交在他手中,他就一定将从家里出来迎接他的第一个人献给耶和华作为祭礼。结果,在他大获全胜返家时,他的独生女儿出来迎接他。耶弗他履行誓言献上独生的女儿。

行裁决。众所周知,耶弗他在此告诉我们,最高审判者耶和华应该做出裁决。如果人世间没有裁决者,那么只能诉诸天国中的上帝。那个问题也并不意味着谁应该裁决:是否另一个人使他自己与我处于战争状态,以及我也是否可以像耶弗他那样诉诸上天?对于这个问题,我只能根据我自己的良心做出裁决,因为在末日审判时,我会对全人类的最高审判者负责。

# 第四章　论奴役

## 经典名句

◆ 在政府的管辖之下，人的自由就是按照固定的准则生活，这种准则由社会所有成员共同遵守，并由社会中设立的立法机关制定。

◆ 任何人都不得通过契约将不属于自己的东西——也就是支配自己生命的权力——交给他人。

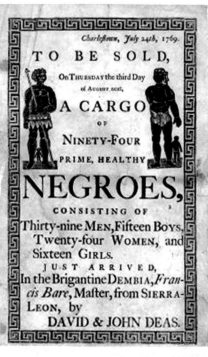

18世纪美国南部的一份奴隶拍卖传单

§ 22 人的自然自由是指不受世间任何上级权力的约束,不受别人的意志和立法权威的影响,而只以自然法为准则。社会中人的自由是指,除了经人们一致同意而在国家内建立的立法权之外,不受任何其他立法权的支配;除了受立法机关根据全民的委托制定的法律约束外,不受任何意志的支配或任何法律的约束。因此,自由并非是罗伯特·菲尔默爵士告诉我们的那样:"自由就是所有人想做什么就做什么,想怎么生活就怎么生活,不受任何法律约束"(《亚里士多德〈政治论〉评述》,第 55 页)。但是,在政府的管辖之下,人的自由就是按照固定的准则生活,这种准则由社会所有成员共同遵守,并由社会中设立的立法机关制定。在准则未做规定的地方,人们有按照自我意志行事的自由,不必服从他人变化无常、迟疑不决、无法预知和任意武断的意志,这正如自然状态下的自由不受除自然法之外的其他准则约束一样。

§ 23 享有不受绝对专断权力约束的自由,对于人的自我保护来说是非常必要的,也是休戚相关的,因此人不能舍弃自由,除非他同时丧失了自我保护和生命。对于一个人而言,如果没有权力保障自己的生命,那么他就不能使用契约或经由自己同意交由别人奴役,或置身于他人的绝对专制权力之下,任人随意剥夺生命。任何人都不可能让渡超出自己权力范围之外的权力；一个无法剥夺自己生命的人，也无法将这种权力让与别人。诚然，当一个人因为自己的过错而罪该致死时，他就丧失了自己的生命权。他舍弃自己的生命权而将之交给别人，（当别人有权力支配他时）别人就可以延迟剥夺其生命，役使他为自己服务，而这样做并未伤害他。无论何时，当他认为奴役的痛楚超出了生命价值时，他有权遂愿而以死来反抗主人的意志。

§ 24 这是奴役的完整状态，这种状态无非是合法征服者与俘虏之间战争状态的延续。双方一旦达成了契约，订立协议同意一方对另一方拥有有限的权力并使另一方服从于他，那么在契约的有效期内，他们之间存在的战争和奴役状态便会宣告终止。因为，正如上面所讲，任何人都不得通过契约将不属于自己的东西——也就是支配自己生命的权力——交给他人。

《出埃及记》是《旧约》的第二书，主要是讲述以色列人如何在埃及受到逼害，然后由摩西带领他们离开埃及的故事。《出埃及记》传统上被认为是摩西在旷野完成的第二本书，因此在一些圣经译本如德文圣经中，也被简称作"摩西二书"。

我承认，我们发现犹太人以及其他民族中确实有过自卖为奴的事情。但是显而易见，这只是做苦工，而不是被奴役。这是因为，出卖自己的人并不受绝对专制权力的控制。无论何时,主人都没有权力处死他们,而到了一定的时间,主人就必须解除其奴役,恢复他的自由。这种奴仆的主人不但不享有对奴仆生命的专制权力,也不能随意伤害他们,而如果他们失去了一只眼睛或一颗牙齿,那就必须恢复他们的自由(《旧约·出埃及记》,第21章)。

# 第五章 论财产

## 经典名句

◆ 上帝将世界赐予人类共有,同时也赐予了他们理性,从而使他们可以利用理性过上最好的生活并为他们提供便利。土地和土地上的一切都是赐予人类的,是为了维持人们的生活,并使人们生活舒适。

◆ 在通过契约维持共有的情况下,我们可以看到,那是从共有的东西中取出一部分,并使之脱离自然状态,这样财产权就产生了……我的劳动使它们脱离原来的共有状态,从而确定了我对它们的财产权。

◆ 财产权的限度是自然根据人类劳动和生活便利的范围而恰当设定的。

《有乌鸦的麦田》(梵高)

**§ 25** 自然理性告诉我们，人生而有生存的权利，因此也就有权享用饮食和大自然提供的生活必需品；上帝的启示也告诉我们：上帝将创造的世界赐予了亚当、诺亚及他的儿子们，这是非常明确的，正如大卫王所言（《旧约·诗篇》，第 115 篇第 16 节），上帝将"土地赐予世人"，供天下人享用。但是，即便这样假设，对于人们是如何获得对任何东西的财产权的，看起来似乎还非常难以理解。我并不满足于这样的回答：如果根据上帝将世界赐予亚当和他的后代共有的假设也很难理解财产权的话，那么根据上帝将世界赐予亚当及其继承人，并将亚当的其他后裔排除在外的假设，除了唯一的世界君主享有财产权外，任何人都不享有财产权。但是我将努力说明，在未与共有者达成明确契约的情况下，人们是如何将上帝赐予全人类共有的许多东西变成他们的财产的。

大卫王，是 10 世纪以色列的第二任国王。在以色列所有古代的国王中，他被描述为最正义的国王，并且是一位优秀战士、音乐家和诗人（在《圣经》中赞美上帝的诗篇是他的著作）。

**§ 26** 上帝将世界赐予人类共有,同时也赐予了他们理性,从而使他们可以利用理性过上最好的生活并为他们提供便利。土地和土地上的一切都是赐予人类的,是为了维持人们的生活,并使人们生活舒适。土地上自然产出的所有果实和饲养的牲畜,都是自然自发生产的,因而归人类共有。正是因为这些东西出于自然状态,所以没有人在最初就对它们拥有私有支配权,而将其他人排除在外。然而,既然自然物赐予人类使用,那么人就必须以这种方式或那种方式占用它们,这样它们才可以为人所用或有利于人。野蛮的印第安人以果实和鹿肉果腹,他们不懂得将公地圈为私有土地,仍然共同占有土地,所收获的果实和鹿肉必须是他的,也只有成为他的,即归他所有,这样别人才不会对它们享有任何权利,从而他才得以维持自己的生活。

**§ 27** 尽管土地和一切低等动物都归所有人共有,但是每个人对他自身享有一种所有权,除他之外,任何人都不享有这种权利。我们可以说,他的身体从事的劳动和双手做的工作严格意义上归他所有。因而,只要他使任何东西脱离了自然存在的状态,并加入了自己的劳动,即附加了他自己的东西,那么它们就变成了他的所有物。他使自然状态下的东西脱离这种状态,这些东西便通过这种劳动附着了一些东西,从而就排除了他人的共有权。毫无疑问,这种劳动是劳动者的所有物,对于那些曾经被附加了劳动的东西,除了他,没有人拥有享用这些东西的权利,至少在还有足够多,并且同样好的东西留给其他人共同享有的情况下,是这样的。

§ 28 毫无疑问，一个在树林中捡拾橡果或采摘苹果充饥的人，就是这样占有它们的。谁都无法否认，这些食物就是应该由他享用的。于是我就问，它们何时归他所有的呢？是在他消化的时候？还是在他啃食的时候？又或是在他煮它们的时候？还是在他将它们带回家的时候？还是他捡拾它们的时候呢？显而易见，如果不是最初的采集使这些东西归他所有的话，那就不可能了。劳动使它们与大家共有的东西区别开来：与作为万物之母的自然赋予它们的相比，劳动又增益了一些东西，这样它们就成了他的私有权利。或许有人会问，如果他事先没有征求全人类的同意，那么他有权将橡果或苹果变成自己的财产吗？他将属于全人类共有的东西占为己有，这是否是盗窃呢？如果必须事先获得同意，那么即便上帝赐予了人类很多东西，人类也早已饿死了。在通过契约维持共有的情况下，我们可以看到，那是从共有的东西中取出一部分，并使之脱离自然状态，这样财产权就产生了。如若不是这样，共有就没有意义了。从中取出的这一部分或那一部分并不需要获得所有共有人的明确同意。因此，我的马吃的草，我的仆人割下的草皮以及我在和他人共同占有的地方开采出的矿石，都是我的财产，无须征得其他人的同意。我的劳动使它们脱离原来的共有状态，从而确定了我对它们的财产权。

§ 29 如果任何人将共有东西的一部分占为己有，均须得到每一个共有者的明确同意，那么，孩子们或仆人们就不能割取他们的父亲或主人提供给他们共同享用但尚未分配给每个人的肉。尽管流出的泉水人人有份，但是谁能怀疑盛在水壶中的水只归汲水人所有呢？在自然状态下，它属于共同所有，平等地属于自然之子，但是当他的劳动使它脱离自然之手时，就归他自己所有了。

§ 30 因此，根据这一理性法则，印第安人可以将自己射杀的鹿据为己有。尽管原来人人享有共有权，但是在他付出了劳动之后，就成为他的私人财产了。那些被认为文明开化的部分人类已经制定并增加了实在法确定财产权，但是从原来共有的东西中产生最早财产权的原始自然法仍然适用。根据这一点，人们在仍归人类共有的广阔海洋里捕到的鱼，或从中采集到的龙涎香，由于人们附加的劳动使它们脱离了自然的共有状态，所以谁付出了劳动，它们就成了谁的财产。即使在我们狩猎时，谁猎捕到野兔，那么这只野兔就会被认为是猎捕者的。因为它作为野兽仍然被视为共有，不是任何人的私有财产，但是，不管是谁花费这么多搜寻和猎捕劳动，只要使之脱离了自然共有状态，它就已经变成财产了。

§ 31 或许有人会反对这种观点，认为通过采集橡果或采集土地上出产的果实就构成了享有这些东西的权利，那么所有人就可以尽可能多地占有。我的回答是，并非如此。同是这一部自然法，它既通过这种方式给予我们财产，同时也会对财产进行限制。"上帝厚赐百物供我们享受"(《新约·提摩太前书》，第6章，第17节)，这正是神的启示所证明的理性之声。但是他赐予我们百物的程度有多大呢？以享用为度。在一件东西腐败变质之前，任何人对它利用的程度就决定了他可以通过自己的劳动对它享有多少财产权。超出这个限度，就不归他所有了，而是属于他人所有。

上帝创造的东西不是供人们糟蹋或毁坏的。所以，考虑到在很长一段时期内世界上天然资源丰富，而消费者却很少；一个人辛勤劳作而占有的和独占而不容他人分享的，只不过是物产的很小一部分，尤其是这一部分处在理性规定的可供其使用的范围之内，那么这样确定的财产就很少会发生争执或冲突了。

§32 但是，现在财产权的主要问题不再是土地上出产的果实或依靠土地赖以生存的野兽，而是土地本身，它囊括和承载了所有的一切。我认为很明显的是，土地所有权的获得与前述方法一样。一个人能在多少土地上耕耘、播种、改良和栽培，能利用多少土地的产出，那么就有多少土地是他的财产。可以这么说，他通过自己的劳动将共有的土地圈为私人所有。或许有人会说，别人对这块土地拥有同等权利，因此未经全体共有人也就是全人类的同意，他就不能将其占为己有，也不能圈为私有土地，但是这样的说法并不会使他的权利失效。上帝将世界赐给全人类共有的同时，也命令人们要从事劳动，而贫困的窘境也迫使他不得不从事劳动。上帝和人的理性要求他开垦土地，换言之，为了生活需要改良土地，从而将属于他所有的东西即他的劳动附加在了土地上面。如果他遵从上帝命令，对土地的任何一部分进行开垦、耕耘和播种，他就在土地上附加了他的财产权，其他人是没有权利剥夺的，如果有人想剥夺，势必会对他造成损害。

§33 人们开垦土地并占为己有并不会对其他人造成损害，因为还有足够多的好土地，这要比供养那些尚无生活来源的人使用的土地多得多。所以，事实上并不会因为某个人为自己圈占土地而致使留给其他人的土地减少：因为他已经预留了同样多足够供别人使用的土地，所以就跟没有拿走任何东西一样。任何人不会因为别人喝了河里的水，哪怕他喝了很多，就感到自己受到了损害，因为还有一整条河的河水留给他解渴。土地和水的情况是完全一样的，二者都很充足。

§ 34 上帝将世界赐予世人共有；但是上帝的赐予是为了世人的利益，使他们能够从中获得最大的生活便利，但是我们不能假定上帝的意图就是要一直维持共有而不开垦的状态。上帝将土地赐予勤勉和有理性的人使用（劳动使人们有权利获得它），而不是赐给那些好争吵闹事的人满足其自负和贪欲。如果他预留了像被占用的土地那样同样可以改良的土地，那么他就无需抱怨，更不应该染指已经由另一个人付出劳动改良好的土地。如果他这样做了，显而易见，他是打算不劳而获，但是他没有权利这样做，这不是上帝赐予他与别人用以劳作的共有土地，除了已被占有的土地之外，还留下了同样好的土地，要比他知道如何利用或者他的勤勉所能及的还要多。

§ 35 的确，在英格兰或其他任何国家，政府统治下的很多民众既有资金又从事着商业贸易，但是对于那里的土地，如果未经所有共有者同意，谁也不能任意圈占或私自占用任何土地；因为这是由契约即土地法律规定共有的，是神圣不可侵犯的。对于一部分人而言，尽管土地属于共有，但是并非属于全人类共有，而仅仅是这个国家或教区的共有财产。此外，对于土地的其他共有者而言，圈占后剩余的土地与可以利用全部土地的时候是不一样的。当人们开始和最初定居在广阔的世界上时,完全是另一幅景象。那时管辖人们的法律是鼓励人们占有土地的。不仅上帝命令他,而且他自身的需要也迫使他从事劳动。那是他的财产,不管他在哪里划定,都不能从他手里夺走。由此我们得知,开垦或耕种土地与对土地的支配是联系在一起的,前者为后者提供了依据。因此,上帝通过命令人们开垦土地,赋予了他在这一范围内占用已开垦土地的权力,而人类的生活条件需要劳动以及从事劳动生产的资料,这就必然会出现私有财产。

§36 财产权的限度是自然根据人类劳动和生活便利的范围而恰当设定的。任何人仅凭自己的劳动是无法全部开垦或占有全部土地的,他享用的也只不过耗费了非常小的一部分,因此任何人不能侵犯另一个人的权利,也不可能为了获得财产而损害其近邻,因为他的邻居(在其他人取走了自己的那一部分后)也有机会获得与那块被别人占有的土地一样好、一样多的财产。在世界之初,与因缺少土地耕种致使生活窘困相比,人们在广阔荒野上离群游荡而迷失的危险更大,而这个限度确实将每个人的财产限定在一个非常恰当的范围之内,从而使他可以占有财产而不会伤害任何人。虽然现在的世界人满为患,但是仍然可以采用上述同一限度使人们不受损害。如果假设一个人或一个家庭最初居住在亚当或诺亚的子孙们生活的世界里,他们在美洲广阔的土地上进行耕种,那么我们就会发现,从我们所确定的限度来看,他们所占用的土地并不多,即便到了现在,尽管人类已经遍布世界各个角落,人口数量已经极大地超过了最初的微少人数,但这样做也不会对其他人造成损害，或者说其他人也没有理由抱怨，也可以说其他人不会因为这个人占有土地而认为自己受到了损害。不仅如此，如果没有劳动，那么广袤的土地就毫无价值了。我听说这是真的，在西班牙，即使一个人没有其他权利，但是只要他对这块土地加以利用，那么他就可以被允许在这块土地上进行耕耘、播种和收获，而不会受到他人的干涉。与之相反，居民们反而会认为受到了他的恩惠，由于他在那块因受到忽视而荒芜的土地上辛勤付出，所以增加了他们的谷物贮藏量，而这正是他们想要的。但是不管是否如此，这并不是我要强调的重点。我敢大胆地断言，这一相同的私有财产法则（即每个人能使用多少就应该占有多少）仍将会在世界上延续下去，而不会限制任何人；因为世界上有足够的土地可以满足两倍数量的居民需要，所以要不是发明货币并默认同意赋予其一定价值，那将会使（基于同意）人们占有更多的土地，并赋予他们权利；而这是如何实现的，我将在后面进行更加详尽的说明。

§ 37 可以肯定的是，最初，人想占有更多的欲望超过了人们实际的需要，而在这种欲望改变自然物的内在价值之前，这种内在价值只取决于这些自然物对人们生活的功用；或者人们已经约定，一小块既不耗损也不腐烂的黄色金属值一大块肉或一大堆粮食。虽然人们有权利根据自己付出的劳动占有自然物，能使用多少就占有多少；但是他们占有的不会太多，也不会损害其他人，因为自然界还留下了许多东西，等待那些同样勤劳的人们去使用。对此，我想补充的是，一个人依靠自己的劳动占有土地，这样做并未减少反而增加了人们的共同积累。就供应人类生活所需的粮食而言,被圈占和耕种的一英亩土地出产的,要比同样肥沃但荒芜的一英亩共有土地(说得特别保守些)要多出产十倍。因此,他圈占的十英亩土地提供的生活便利,要比一百英亩处于自然状态下的荒芜土地提供的粮食更充裕,我们真可以说,他给了人类九十英亩土地。因为他付出的劳动,现在从十英亩土地出产的供应产品相当于从一百英亩共有土地上出产的数量。在这里,我将改良土地的粮食作物产量定得很低,产量定为1:10,而实际接近1:100。为此,我试问,美洲原始森林和未经开垦的荒芜土地,处于自然状态之下,未经改良、耕耘或耕种,这样一千英亩土地为贫穷困苦的居民提供的生活便利,能和德文郡肥沃而精细耕种的十英亩土地出产的同样多吗?

在占有土地之前,一个人可以采集尽可能多的野果,杀死、捕捉或驯养尽可能多的野兽;这样他就对自然状态下的自生产品付出了自己的辛劳,通过各种方式改变了自然使它们所处的状态,通过付出劳动,那么这个人就占有了它们。但是,如果他占有着这些东西,这些东西却因为没有得到适当利用而毁坏,例如在用尽之前野果腐烂,鹿肉变质,那么他就违背了共同的自然法则,就会受到惩罚。他侵占了应该由其邻居共享的那部分,因为他没有权利要求获得超出他需要的东西,尽管这些东西可能为他的生活提供便利。

**§38** 这一尺度同样适用于对土地的占有:无论他耕种和收获什么,只要在这些东西损坏之前能够贮存和充分利用,那都是他的特有权利；凡是由他圈起来饲养，并能够使用的家畜和产品也是他的。但是，如果在他圈占的地里禾草腐烂，或他种植的果实因未采摘和贮存而烂掉，那么尽管他圈占了这块土地，人们仍然可以将其视为荒芜的土地，任何人都可以将其据为私有。因此，该隐最初可以获得足够的土地耕种，并将其变为自己的土地，并留下足够亚伯放牧羊群的土地。几英亩土地就足以满足他们两人占有了。但是，随着家眷的增多，他们的勤劳又使他们的牲畜增多，因此他们的占有物随着需求的不断扩大而增多了；他们使用的土地仍然属于共有，而没有确定财产权，直到他们联合起来定居在一起，并建造城市；后来，经他们同意，他们按约定聚在一起确立了他们的领地边界，并商定了与邻人之间的界限，然后根据他们内部的法律解决了同一社会中的财产权问题。因为我们知道，在世界上最初有人居住的那个地方，也很有可能就是最佳定居地，因为直到亚伯拉罕时代，他们还是赶着他们的牛羊群，也就是他们的财产，自由地四处放牧；而亚伯拉罕确实是作为一个异乡人在别人的地盘上放牧的。由此，显而易见，当时至少很大一部分土地是共有的；当地居民并不重视这些土地，也不在自己利用的土地之外主张财产权。但是当同一地方没有足够的土地让他们一起放牧的时候，他们同意像亚伯拉罕和罗得（《圣经·旧约·创世纪》，第13章第5节）那样分开并扩大他们的牧地，这也是最适合他们的地方。出于同样的原因，以扫离开了他的父亲和兄弟，到西珥山去耕作了（《圣经·旧约·创世纪》，第36章第6节）。

根据《圣经·创世纪》的记载,以扫是以撒和利百加所生的长子,身体强壮而多毛,善于打猎,心地直爽,常在野外,更得父亲以撒的欢心;孪生兄弟雅各为人安静,常在帐棚里,更受母亲利百加的偏爱。以扫因为"一碗红豆汤"而随意地将长子的名分"卖"给了雅各。后来虽然为了继承权兄弟反目,但最终和好。

§ 39 因此,我们无需假定只有亚当享有对整个世界的个人支配权和财产权,而其他人则被排除在外,因为我们既无法证明,也不能由此得出一个人所享有的财产权。但是只要假设世界是赋予人类子孙后代共有的,那我们就能明白劳动是如何使人们为了达到自己的使用目的而获得了占有多块土地的明确权利。按照法律来说,这是毫无疑问的,也没有争论的余地。

§ 40 劳动的财产权应该能够胜过土地的共有状态,在尚未对此讨论之前,这种观点看起来似乎匪夷所思。其实,正是劳动使一切东西具有了不同的价值。一英亩栽种了烟草或甘蔗、种植了小麦或大麦的土地与同样一英亩未经耕种的共有土地相比,任何人只要考虑一下这两者的差异就会发现，劳动的改良创造了绝大部分价值。我认为，如果说对人类生活有益的土地产物有十分之九是劳动产生的，这只不过是个保守的估计。不仅如此，如果我们对使用的东西进行公正的估算，将相关各项开支加在一起，将纯粹由自然或劳动提供的区分开来，我们会发现，它们中的绝大多数，百分之九十九要归于劳动。

§41 在所有的例子中，美洲几个部落就是最明显的例证。他们虽拥有广袤的土地，但却过着贫困的生活。与对待其他人民一样公平，自然也为他们提供了丰富的物产，即富饶肥沃的土地，它们出产富饶，能满足人们的衣食享受之需，但是因为没有通过劳动改善土地，他们享受到的便利就不及我们的百分之一。虽然部落头领拥有广袤肥沃的领地，但是他的衣食住行还不如英格兰的一个临时工。

§42 为了说得更清楚一些，让我们分析一下普通的生活用品在为我们所用之前所经历的不同过程，并看看它们的价值中包含了多少人类的劳动。面包、酒和布匹都是日常用品，而且需求量很大。如果不是劳动为我们提供这些实用的日常用品，我们就只能吃橡果，喝凉水，穿树叶或兽皮。无论如何，面包的价值高于橡果的价值，酒的价值高于水的价值，布匹或丝绸的价值又高于树叶、兽皮或苔藓的价值，这完全归功于人们的劳动和勤劳。作为衣食，一种纯粹由自然提供，另一种是人们付出勤劳和辛苦而准备的生活用品。任何人只要计算一下后者在价值上超越前者的程度就会发现，劳动创造了供我们在世界上享用的绝大多数物品的价值,而出产这些物品的土地却几乎没有什么价值,或者说只占了极少的一部分,价值如此之小,以至于我们可以将完全处于自然状态、未改良为牧场、未耕种或播种的土地称为荒地,这是名副其实的;我们会发现它的收益也是聊胜于无。

这表明,人口众多要优于领土广阔,而增加土地和恰当地利用土地则是一门伟大的治理艺术。如果贤明睿智的君主使用既定的自由法律来保护和鼓励人们诚实地辛勤劳动,反对权力的压制和党派的褊狭,那么很快就会使邻国感到压力,但是我们在这里只是顺带提一下。现在回到刚才讨论的问题。

§ 43 一英亩土地在这里能产二十蒲式耳小麦,而在美洲,同样是一英亩土地,如果投入相同的劳动,使用相同的方法种植,也可以获得相同的收成。

> 蒲式耳,英制的容量及重量单位。1 蒲式耳小麦为 60 磅,约为 27.22 公斤。

毫无疑问,这两块土地具有相同的自然内在价值。人类从这块土地上一年可以获益五英镑,而印第安人从另一英亩土地上收获的物产,如果拿到这里估价销售的话,可能分文不值;确切地说,还不到千分之一。可见,是劳动将绝大部分价值附加于土地之上,没有劳动,土地将一文不值。因此,我们将土地上出产的绝大部分有用物品归功于劳动。因为一英亩小麦的麦秸、麸皮和面包的价值高于同样好但却荒芜的一英亩土地生产的价值,这全是劳动的作用。我们食用的面包里,不仅凝聚了耕地人的劳作、收割者和打麦人的辛劳以及面包师的汗水,还包括人们为驯养耕牛、开采矿石和冶炼铁、砍伐树木和利用木材制造耕犁、磨盘或其他一些劳动工具而付出的劳动,凡是从播种到制成面包,只要是生产这种作物所必需的劳动,都必须计算在内,并承认其发挥的作用。自然和土地提供的只是本身不具有任何价值的资料。如果我们能够追根溯源,将面包供我们享用之前需要付出和使用的劳动列出来,那将是一张匪夷所思的清单。它包括:铁、树木、皮革、树皮、木材、石块、砖块、煤、石灰、布、燃料、沥青、焦油、桅杆、绳索以及所有造船用到的材料,是船运来了工人们在所有工作中需要的所有物品。要想列出所有的东西是不可能的,数不胜数。

§44 由此可见,虽然自然物归人类共有,但是人作为自己的主人,作为自身的所有者,以及自身行为或劳动的所有者,人本身就是财产的主要基础。当发明和技艺改善了生活便利的时候,人们用来维持自己生存或享受生活的大部分用品就全都是他自己的了,而不再与其他人共有。

§45 因此,在最初的时候,如果有人愿意对共有物施加劳动,那么劳动就会赋予其财产权。在很长一段时间里,共有物绝大部分仍保持着共有,而且始终多于人类能够使用的东西。最初,绝大部分人满足于未开发的自然为他们提供必需品。后来,在世界上的一些地区(在这些地区,人口和家畜增多,货币开始使用,使土地变得稀缺,因而有了一定的价值),许多部落划定了各自的属地范围,并依照自己的法律管理他们社会的私人财产,因而通过契约和协定确定了通过劳动和辛勤付出而形成的财产。许多国家和王国彼此缔结了盟约,他们明确或默认地放弃对其他方所占有土地的一切要求和权利。这样,基于共同同意,他们放弃了最初对其他国家享有的自然共有权利的要求；基于明确的协议，他们在世界上不同地区确定了他们之间的财产权。然而，尽管如此，人们依然可以找到大片土地，这些土地（那里的居民因不同意使用其他人的通用货币而未与他们融合在一起）荒芜着，比生活在土地上的人们能够开垦或利用的还要多，所以它们还是共有的。但是这种情况很少发生在那些已经同意使用货币的人们之间。

§ 46 对人类生活真正有用的绝大部分东西，以及诸如最初共有者追求的那些维持生活的必需品，正如美洲人现在所追求的东西，一般都是不耐久的东西，如果不消耗使用，它们不久就会自行腐烂毁坏。人的偏爱或协议使金银钻石这些东西的价值超过了它们的实际用处和维持生活之需的价值。现在自然提供给人类共有的好东西，每个人都有能用多少就占有多少的权利（如前所述），并且凡是他的劳动能够产生影响的所有东西，他都享有财产权。凡是他的劳动能改变其原有自然状态的所有东西，都是他的。如果一个人收集了一百蒲式耳橡果或苹果，那么他就获得了这些东西的财产权；这些东西一经采集就归他所有了。他只须注意，要在这些东西腐烂变质之前加以使用，否则他就多占了他应得的那份，而使别人丧失了这些东西。实际上，贮藏过多超出自己使用限度的东西并非明智之举，也是一种欺诈行为。如果他把一部分东西分给别人，这样就不会使这些东西在他占有的时候白白坏掉，那么这也算是他使用了这些东西。又假如他将一周内就会腐烂的梅子换成了能供他吃一年的干果，那么他也没有造成损害。只要没有东西在手里白白浪费,那么他就没有浪费共有物,也没有毁坏属于别人的那部分财物。再者,如果他用干果换取一块他喜欢其颜色的金属,用绵羊换取一些贝壳,或者用羊毛换取一块闪闪发光的水晶或一颗钻石,并由他终身保存,那么他这样做也没有侵犯其他人的权利。只要他愿意,这些持久耐用的东西,他想积聚多少都可以。超出其合理财产权范围与否,并不在于他占有的多寡,而在于是否有东西在他占有的时候白白毁掉。

**§47** 由此,人们开始使用货币,它持久耐用,是一种人们可以保存很久而不易损坏的东西,而且基于相互同意,人们用它来交换对维持生活真正有用但易于腐坏的东西。

**§48** 人们付出的辛劳不同,往往获得的财产数量就不同,而货币的发明为他们提供了继续增益财产的机会。假如有一个海岛,与世界其他地方完全贸易隔绝,岛上只有一百户家庭,还有一些羊、马、奶牛以及其他有用的动物和有益健康的水果,岛上土地出产的谷物能供应的人口数量是岛上人口的千百倍。但是岛上的所有东西,不是因为太普通就是因为太容易毁坏,都不适合当作货币。不管是通过人们自己的辛劳生产出的东西,还是用于交换的那些易于腐坏但有用的物品,除了他的家庭使用以及为家庭消费提供大量供应之外,人们还有什么理由增益财产呢?如果一个地方没有那种既耐久又稀缺和非常贵重值得贮藏的东西,尽管那里土地肥沃,人们可以自由占有土地,人们也不会扩大占有的土地。试问,如果一个人在美洲内陆的中部有一万英亩或十万英亩精耕细作的土地,而且他还有大量的家畜,但他却无法通过与世界上其他地区进行贸易来出售产品换取货币,那么他如何为这片土地估价呢?这片土地并不值得圈占,而我们看到的是,不管有多少土地,他只会保留一块能够维持他自己和家庭生活便利所需的土地,然后放弃其他土地,使其恢复自然共有状态。

**§49** 因此,全世界最初和美洲一样,而且更像以前的美洲,因为那时没有人知道货币这种东西。如果一个人发现邻居中有可以用作货币并具有货币价值的某种东西,那么你会发现,这个人会立即开始增益他的财产。

**§50** 但是,与食物、衣服和车马相比,金银对人们的生活用处不大,它们的价值只是来自人们的同意,而且在很大程度上是由劳动尺度决定的。显而易见,人们已经同意可以不平均和不平等地占有土地。通过默认和自发的同意,他们已经找到了一种方法,可以使一个人公平地占有更多产出超过他自己使用限度的土地。这种方法就是用剩余产品交换那些贮藏起来不会对任何人造成损害的金银;而且金银也不会在占有者手中毁坏或腐烂。在超出社会允许的限度和没有契约的情况下,人们之所以将自然物分为不均等的私有财产,只是因为他们赋予了金银价值,并默认了金银可以作为货币使用。政府以法律规定财产权,而土地的占有是通过实在法确定的。

**§51** 因此,我认为我们很容易就可以理解:劳动最初是如何在自然共有物中开始确立财产权的,以及在我们使用时又是如何限制财产权的。这样就没有理由再为财产权争辩不休了,也没有人对财产权允许人们占有多少财产心存疑虑了。权利和生活便利是相辅相成的。作为社会中的人,每个人都有权利对所有东西施加劳动,这样他就不会为了获得享用不了的东西受到诱惑而付出劳动。这样就不会留下有关财产权争论的余地,也不会侵犯别人的权利。一个人据为己有的财产数量是很容易看清的,所以据为己有的太多或占有多于自己所需要的东西都是徒劳的,也是不诚实的。

# 第六章　论父权

## 经典名句

◆ 尽管我说过"所有人生而平等",但不能将我所说的平等理解为包括各种各样的平等……我所说的平等与我们正在讨论的问题相契合,即平等是指每个人都享有天赋自由的平等权利,而不受其他人意志或权威的制约。

◆ 法律的真正意义,与其说是一种限制,倒不如说它是在指导自由睿智的人追求正当利益,它仅是就那些受法律约束的人们的共同利益做出规定。

◆ 我们生而自由,正如我们生而具有理性;但并不是说我们生来就能真正运用它们:年龄不仅带来了自由,也带来了理性。由此我们可以看到,自然自由和服从父母是一致的,二者建立在同一原则之上。

《岩间圣母》(达·芬奇)

§ 52 在这种性质的文章中,挑剔世界上已经通用的字眼和称谓,可能会被指责为一种不恰当的吹毛求疵。然而,当旧词语容易使人产生误解时,提出一些新名词可能并非错误之举。或许"父权"就是这样一个词,它似乎把父母对儿女享有的权力全部赋予了父亲,而母亲则不享有任何权力。但是,如果我们向理性或天启请教就会发现,母亲享有同等权利。这可能就使别人有理由问,将这种权力称为亲权是不是更恰当些?不管自然和传宗接代的权利赋予了子女怎样的责任,它必定要求子女对父母双方承担同等责任。因此,我们看到上帝的实在法处处都是将"父母"一词连在一起使用的,一视同仁。当要求子女们服从时,"当孝敬父母"(《旧约·出埃及记》,第20章第12节),"凡咒骂父母的"(《旧约·利未记》,第20章第9节),"你们各人当孝敬父母"(《旧约·利未记》,第19章第3节),"儿女们应该听从父母的安排"(《新约·以弗所书》,第6章第1节)等等,这就是《旧约》和《新约》的风格。

§ 53 如果当初人们只充分考虑了这一点,而没有对这一问题进行更深层次的探讨,也许就不会使人们在父母权力问题上再犯他们曾经犯过的重大错误。然而,在"父权"这一名称下,虽然父母双方共同享有的权力似乎是由父亲独自占有的,但是父亲身负绝对统治权和王权之名并无不妥之处。如果将这种假定支配子女的绝对权力称为"亲权",那就会发现这种权力也是属于母亲的,那么"父权"这一名称听起来就非常古怪,而且以父权之名也显得非常荒谬;如果母亲也应享有权力,对那些极力主张所谓父亲身份绝对权力和绝对权威的人而言就会很不舒服。这会使他们极力推崇的君主政治失去依托,因为就这一名称而言,他们所依据的只由一个人统治的基本权威并非只是一人,而是由两人共同享有。但是我们先不谈这些吧。

**§54** 尽管我在第二章曾说过"所有人生而平等",但不能将我所说的平等理解为包括各种各样的平等。年龄或德行会赋予一些人正当的威望;出色的才华和功绩能使一些人的地位高于平凡人;有些人因为出身,而有些人则因为关系或利益去尊重那些因禀性、感恩或其他原因而值得尊重的人们。就所有人现在所处的管辖或统治的主从方面的平等而言,以上种种都是与之相一致的。我所说的平等与我们正在讨论的问题相契合,即平等是指每个人都享有天赋自由的平等权利,而不受其他人意志或权威的制约。

**§55** 我承认,子女们并非生来就处于这种完全平等的状态之中,虽然他们应当如此。在他们出生后的一段时期内,他们的父母对他们负有一种统治和管辖权,但这只是暂时的。这种受支配的束缚正如他们处于孱弱婴儿期用来包裹和保护他们的襁褓一样。伴随着他们的成长,年龄和理性会使他们逐渐摆脱这种束缚,直至他们最后完全甩掉束缚,并能够独立解决问题。

§56 亚当生来就是一个完人，拥有强壮的体格和理性的头脑，所以他从创生的那一刻起就能够供养和保护自己，并按照上帝灌输给他的理性法则指示支配自己的行动。自他之始，他的后代就生活在这个世界上，但是他们生来都是孱弱无助的婴幼儿，无识无知。这种身心不健全的状态在他们长大成人后才会消除，为了弥补这种状态的缺陷，根据自然法，亚当和夏娃以及他们之后的所有父母都有责任保护、养育和教育他们所生的子女们，不能将他们看作是自己的作品，而应看作是他们自己的造物主即万能上帝的作品，父母要为子女们对造物主负责。

亚当是上帝照自己的形象创造出来的。亚当和他的妻子夏娃住在上帝精心设计的伊甸园中，享受完美的身心，有美好的生活，不会生病，不会死亡。伊甸园里所有蔬果都可食用，但唯独辨识善恶树的果子不可摸也不可吃，这是上帝的命令。夏娃受蛇的引诱，吃了辨识善恶树的果子，也让亚当食用，之后他们身心开始变得不完美，被耶和华逐出伊甸园，开始艰苦的生活。

§57 理性法则，是支配亚当的法律，也是支配其所有后裔的法律。亚当的后代以不同于亚当的另一种方式来到这个世界，他们是自然分娩出生的，致使他们懵懂无知，无法运用理性，因此他们一时还不受理性法则的约束。任何人都可以不受那些并非针对他而颁布的法律的约束。如果法律的颁布或公布只以理性为依据，那么在他能够运用理性之前，就不能说他受这项法律的约束。亚当的子女们并不是一生下来就受到理性法则的约束，因此这时还不能说他们是自由的。法律的真正意义，与其说是一种限制，倒不如说它是在指导自由睿智的人追求正当利益，它仅是就那些受法律约束的人们的共同利益做出规定。如果没有法律，人们能生活得更幸福的话，那么法律就会作为无用之物自行消亡。此外，如果法律仅仅是为了防止我们陷入困境和险境，那么我们就不能称之为限制。因此，不管法律如何受到误解，法律的最终目的不是废除或限制自由，而是为了保护和扩大自由。在所有能够接受法律的人类状态中，没有法律就没有自由。自由意味着不受他人束缚和暴力威胁，而没有法律就没有这种自由。但是，正如我们所知道的，自由不是人们为所欲为的自由（如果一个人因一时兴起就可以支配别人，那谁还有自由呢？），而是指在法律许可的范围内，随意处置或安排自己的人身、行动、占有物及其全部财产的自由；在这个范围内，他不受他人意志的支配，可以自由按自己的意志行事。

**§ 58** 父母有义务在子女长大成人之前照顾他们，而父母对子女享有的权力正是基于这种父母对子女责无旁贷的义务。在子女们年幼无知的时候，培养他们的智力，管教他们的行为，直到他们具备了理性，并解除了他们的烦恼，这是子女需要的，也是父母们应该做的。上帝赋予了人类指导自己行动的判断力，只要在法律许可的范围内，人们就享有自由的意志，并享有在这一范围内行事的自由。但是，如果他仍处于尚未具备理解力指导自己意志的人生阶段时，那么他就无法遵循自己的意志。此时，谁能够替他做出判断，那么谁就应该替他当家作主，约束他的意志，规范他的行为。但是，当儿子能使父亲成为一个自由人时，他本身也就成了一个自由人。

§ 59 这一点适用于人类的所有法律，而不管是自然法还是民法，都是如此。人受自然法的约束吗？是什么使他摆脱了自然法的约束？在自然法允许的范围内，是什么使他可以按照自己的意志自由处理财产？我的回答是成熟状态，一个人自认为能够理解自然法的成熟状态，因此他可以将自己的行动限定在自然法允许的范围内。当他达到这一状态时，我们就可以认为他知道法律在指导着自己的行动范围，并且知道自己运用自由的限度，进而由此获得自由。但在此之前，必须有人对他进行指导，而这个人须知晓法律允许的自由范围。如果这种理性状态、能辨别是非的年龄能使一个人获得自由，那么他同样也会使儿子获得自由。一个人受英国法律的约束吗？是什么使他免受法律约束的？也就是说，在英国法律许可的范围内，他享有按照自己的意志行事和处置财产的自由吗？答案是通晓法律的能力。法律规定的年龄是 21 岁，在某些情形下还会更早些。如果这一年龄曾使父亲获得自由，那么它也同样能使儿子获得自由。我们知道，在达到这个年龄之前，法律不容许儿子具有自己的意志，他要受父亲或监护人意志的指导，由他们替他通晓法律。如果父亲去世了，生前没有指定代理人代替自己，在儿子未成年和缺乏判断力的时候没有为他规定监护人进行管教，那么法律将负责教管他。在他尚未达到自由状态、判断力尚未掌控自己的意志之前，必须有人对他进行管教，支配他的意志。但在此之后，父亲和儿子，正如导师和成年后的徒弟一样，都享有同等自由；他们还同样受同等法律的支配，不管是处于自然法还是创建政府的实在法状态之下，父亲对儿子的生命、自由或财产都不再享有任何支配权。

> 此处原文为"estate"，"estate"一词具有多种含义，一是人生的阶段、状况、状态或情况。二是地产权、地产或土地，指一个人在与土地关系中所处的地位，或他相对于土地的关系，在口语中引申为土地本身。在英格兰封建法中，除国王之外，任何人不能成为土地的绝对所有人，他所享有的只能是一项地产权或对土地的有限权益，由此产生了土地保有制度。三是个人或实体拥有的所有财产或全部财产（包括动产和不动产）。另外还有其他多种含义。本书根据实际语境酌情翻译为"状态"或"地产"或"土地"或"财产"。

§60 但是，如果一个人因为超出自然正常过程而产生缺陷，由此人们认为他无法理解法律，也无法在法律准则的范围内生活，这样他就永远也不能成为自由人，也就无法让他按照自己的意志行事。（因为他不知道约束自己的意志，也不具备正确指导自己意志的判断力。）如果他自己一直无法承担责任，那么就必须接受他人的监护和管教。正是由于此原因，精神病人和傻子永远无法脱离父母的监护。胡克在《宗教政治》第一卷第七节中讲道："一是因为年纪尚幼而缺乏理性的儿童，二是因为自然缺陷而缺乏理性的傻子，三是现在还无法运用正确理性指导自己的精神病人,这三类人只能由监护人运用指导自己的理性对他们予以指导,为他们谋求福利。"所有这些只不过是上帝和自然赋予人类和其他创造物的一种责任,从而可以保护他们的后代,直至他们能够自己谋生,但这很难被看作是父母享有王权的例证和证明。

§61 因此,我们生而自由,正如我们生而具有理性;但并不是说我们生来就能真正运用它们:年龄不仅带来了自由,也带来了理性。由此我们可以看到,自然自由和服从父母是一致的,二者建立在同一原则之上。孩子依靠父亲的权利和父亲对法律的判断而获得自由,父亲的判断力将一直支配着他,直至他自己具有了判断能力。一个成年人的自由与一个尚未达到负责年龄的儿童对父母的服从,二者既相互一致又相互区别。即便是那些以父权之名最盲目鼓吹君主专制的人也不能无视这一区别,而且连最冥顽不化之徒也不得不承认二者之间的一致性。如果他们的学说完全正确,假如亚当的合法继承人已经确定,并依据这一权利被立为君主,享有罗伯特·菲尔默爵士所说的一切绝对无限权力,假如亚当在其继承人出世时正好去世,那么无论这个孩子享有怎样的自由和多大的权力,在年龄和教育使他具备约束和管理自己和他人的理性和能力之前,难道他就可以不服从母亲和保姆、监护人和家庭教师的管束吗?他的生活需要、身体健康和心智培养都需要接受他人意志的指导,而不能任由自己的意志行事。但是,是否有人会认为,这种限制和服从不符合或剥夺了他有权享有的那种自由或君主权,或者说将他的最高统治权拱手送给了那些在他年幼时管教他的人呢？对他的这种管教只能是让他更好更快地享有自由和君主权。如果有人问我,我的儿子什么时候才能达到自由的年龄？那么我的回答是:他的君主当政的年龄。贤明的胡克在《宗教政治》第一卷第六节中指出:"要说一个人运用理性的程度达到了足以使他运用法律指导自身行动的地步,对此而言,凭感觉判断远比用技能和学问决定容易得多。"

§ 62 国家本身就注意到并且承认,只有到了一定年龄,人们才可以像自由人那样行动。所以在此之前,人们不需要宣誓忠诚或效忠,或公开向他们国家的政府表示承认或服从。

§ 63 由此可见,人的自由和按照自己意志行事的自由以他自己具有的理性为基础,理性可以教导他,使之明白支配自己的是法律,并使之知道自己在多大程度上可以听从自己的自由意志。在他学会用理性指导自己之前,如果放任他享有无限自由,那这并不是让他享有生而自由的自然权利,而是将他扔到兽群之中,让他和野兽一样处于悲惨的状态,这种状态落后于人类的生存状态。这就是将管束未成年子女的权力交给父母的原因。上帝要求他们以照顾子女为己任,并赋予他们慈爱和关切之情以调和这一权力;只要子女需要这一权力的管束,父母就必须按照上帝的智慧所构思的那样,为子女的利益行使这一权力。

§ 64 但是,是什么原因促使父母对子女应尽的责任上升为父亲的绝对专制统治权的呢？父亲的权力充其量也只是采用他认为最有效的教导方式,使子女们身体强壮健康、精力充沛和心灵纯洁,从而使他们成为对自己和他人都极其有用的人。如果他的条件允许,可以让他们在有能力维持生计时工作。但是,这项权力是由母亲和父亲共享的。

§ 65 不仅如此,父亲享有这一权力并非是基于特殊的自然权利,而只是因为他是子女的监护人。当父亲放弃这种责任时,他也就失去了支配他们的权力。这种权力是伴随着对子女的抚养和教育而来的,它们不可分割地相互联系在一起。遗弃儿童的养父也享有这一权力,就像亲生父亲对子女享有的权力一样。如果一个男人只是赋予了孩子生命而没有尽到其他责任,那么他仅仅是作为生父而享有父亲的头衔和权力,而不享有任何其他权力。在世界的其他地区,一位妇女可以同时拥有多位丈夫,父权在这些地区的情况如何呢?或在美洲的一些地区,夫妻分离的情况时有发生,子女们都留给了母亲,他们跟随母亲生活,由母亲全权照顾和供养他们,这里的父权又是什么情况呢?如果父亲去世时,子女们仍年幼,那么他们在年幼时难道不应像父亲在世时一样,自然而然地服从母亲吗?是否有人会说母亲应享有对子女的立法权呢?是否有人会说,她可以制定出承担永久义务的法律准则,子女们应该根据这些法律准则管理与他们的财产相关的一切事情,终其一生,子女们的自由都要受其限制?或者说,她是否可以使用死刑来强制子女们遵守这些法律准则呢?因为那是最高统治者拥有的合法权力,而父亲根本不享有这种权力。父亲对子女的支配权只是暂时的,而并不包括他们的生命或财产。这只不过是对年幼子女的孱弱和不成熟提供的一种助益,为培养他们而施加的必要约束,而这种权利只是为了更好地达到教育他们的目的。在子女们没有冻饿之虞时，虽然父亲可以随意处置自己的财产，但他的权力并不涉及子女的生命或财物，而不管这些财物是子女们通过自己的劳动获得的还是他人赠予的；而且当子女的年龄一旦达到享有公民权的负责年龄时，父亲的权力也就不能涉及他们的自由了。此时，父亲的绝对权威就终止了，从此以后他再也不能干涉儿子的自由，就像不能干涉其他人的自由一样。这种权力并不是一种绝对或永久的管辖权，一个男子可以离开，因为神权准许他"离开父母去和妻子共同生活"。

**§66** 但是，尽管到了一定时候，子女不再受父亲意志和命令的支配，正如父亲自己不受任何人的意志支配一样，但他们还要遵守自然法或他们国家的国内法，除此之外，他们不受任何其他限制。但是，这种自由并不能免除上帝和自然法所要求的那种儿子对父母应尽的孝敬。上帝将父母当做人类种族延续大业的工具，并使父母成为子女的生活依靠。上帝一方面要求父母承担起养育、保护和培养后代的义务，另一方面又要求子女们承担起孝敬父母的永久义务。这种孝敬包括用一切外在表达方式反映出那种对父母发自内心的尊重和敬爱，这就阻止子女们做任何可能伤害、冒犯、扰乱或危害其亲生父母幸福或生命的事情，而他正是从父母那里得到幸福或生命的；这一义务要求子女们采取一切措施保护、解救、帮助和安慰给予了他们生命并使他们享受生活的父母们。无论是哪个国家、哪种自由，都不能免除子女应尽的义务。但是，这绝不意味着赋予了父母支配子女生命或自由的权力，也没有赋予父母制定法律和随意处置儿女生命或自由的权力。子女们孝敬、尊重、感恩和赡养父母是一回事,而父母要求子女绝对服从和顺从自己是另外一回事。即使在位的君主也必须对母亲尽到子女对父母应尽的孝道,这样做并不会减少他的权力,也不会使他受制于她的统治。

**§ 67** 未成年人的服从使父亲获得了一种临时统治权,这种权力随着子女的成年而终结。子女对父母应尽孝道,从而使父母享有获得尊重、敬爱、赡养和顺从的永久权利,这与父亲对子女的照顾以及培养他们所付出的花费和慈爱是大体相当的。这种权利并不会因子女成年而结束,而是贯穿于他们人生中的所有阶段和所有情况之中。父亲在子女未成年时有监护他们的权利和终身受到子女孝敬的权利,如果不对这两种权力进行区别,可能会在这一问题上产生很多错误。准确说来,与其说第一种权利是父权的特权,倒不如说是子女享有的权利和父母应尽的责任。抚养和教育子女是父母为了子女利益而不可推卸的责任,任何理由都不能免除父母照顾子女的责任。虽然父母还有控制和责罚子女的权利,但是上帝将父母对子女的慈爱融入了人性原则之中,因此完全不必担心父母会过于严厉苛刻地使用权力。过分之处很少表现在严苛方面,而对天性的过分忽视则将之引向另一个方面。所以万能的上帝在对以色列人表示宽容时告诉他们,"他责罚他们,就像一个人责罚自己的儿子一样"(《旧约·申命记》,第8章第5节),意即对他们施以关切和慈爱。对他们严格训诫完全是对他们好,但是过于纵容就不是慈爱了。这就是要求子女们服从的那种权力,这种权力不会增加父母的辛劳和忧虑,或使父母的付出一无所获。

§68 另一方面,孝敬和赡养父母是子女对父母恩情的报答,这是子女责无旁贷的义务,是父母应享有的基本公民权。这是为了保障父母的利益,正如另一种权力是为了保障子女的利益一样。然而,教育作为父母的责任,似乎具有很大的作用,因为孩童的无知和缺点需要予以约束和纠正;这是行使一种看得见的支配权,是一种统治权。与未成年子女相比,成年子女的责任心要更强些,尽管如此,但是"孝敬"一词中包含的责任并未要求过多的服从。谁能想到,"子女应遵从父母"这一训诫是要求那些已为人父母的人要服从自己的父母,就像自己的子女服从自己一样;又有谁能想到,如果他的父亲恃权自傲,仍然拿他当孩子看待,那么根据这一箴言,他必须遵从父亲的所有训诫。

§69 因此,父权或者说父亲的责任,其首要构成部分是教育,这是属于父亲的,它到一定时期就会终结;教育完成之日即是此项责任自行结束之时,而在此之前,责任是可以出让的。因为父亲可以将自己的儿子交给其他人教育;当他让自己的儿子去当别人的学徒时,他就免除了自己的儿子在这段时间内对父母服从的大部分义务。但是,父权的另一部分,即子女孝敬父母的义务,依然属于他们,丝毫不减;这种义务是无法消除的。父母同时享有,不可分离;父亲的权威无法剥夺母亲的权利,任何人都不能免除儿子孝敬生身母亲的义务。但是,这两部分父权与制定法律的权力以及通过对财产、自由、身体和生命予以处罚来执行法律的权力截然不同。支配子女的权力随着子女成年期的到来而结束;

尽管在此之后，儿子孝敬、尊重、赡养和保护父母，以及不管是什么恩情，都使儿子履行对父母的义务，以报答他自然而然获得的最大恩惠，但是，这一切并没有将王权和最高命令权赋予父亲。父亲对儿子们的财产或行动没有支配权，他也没有权力在任何事情上都要求儿子按照自己的意志行事；但是儿子在很多事情上尊重父亲的意志是恰当的，不会给自己和家庭带来不便。

**§70** 一个人可能会孝敬和尊重长者或智者，保护他的子女或朋友，救济和帮助困苦的人，感谢施与他恩惠的人，但是，即便他倾其所有、尽其所能，也可能无法应付这一切。对那些要求他履行义务的人而言，所有这些并未赋予他们为他制定法律的权威和权利。很明显，所有这一切并不仅仅是因为父亲的权利，也不仅仅是前面提到的母亲对子女有恩的缘故，而是因为子女对父母应尽的义务以及父母对子女的要求程度不尽相同，它们会随着父母的呵护、关爱、辛劳和耗费程度不同而变化，而父母的这些付出往往会厚此薄彼。

**§71** 这表明了以下问题是如何实现的，即在一个社会中，作为社会成员的父母获得并享有一种对子女的权力，并且享有与自然状态下的父母对其子女享有的同样多的权利。如果所有的政治权力只是父权，两者实际上是一回事，全然相同，那就可能不是这样了。这是因为，如果所有的父权归君主所有，那么臣民自然就不能享有。但这两种权力，即政治权力和父权是截然不同且相互分离的，它们建立在不同的基础之上，又有着各自不同的目的。

因此，作为臣民的父亲对其子女享有的父权，与君主对其子女享有的父权同样多；作为子女的君主对其父母应尽的孝道和服从，与他最卑微的臣民对父母应尽的孝道和服从是一样的。因此，父权不包含任何君主或最高统治者对臣民拥有的那种统治权的任何部分或程度。

§72 虽然父母养育子女的责任和子女孝敬父母的义务都意味着一方享有全部权力，而另一方必须服从，并且这种关系是正当的；但是，通常而言，父亲还享有另外一种权力，依据这种权力，他可以使子女们服从于他。虽然他和别人都享有这种权利，但是这种情况大多数发生在私人家庭的父亲身上，其他情况下的例子则很少，也很少有人注意到它，现在人们把它作为了父权的一部分。这种权力，就是人们往往将自己的财产赠予最喜欢的人的权力。根据各国的法律和习俗规定，子女通常有希望或按照一定的比例继承父亲财产；但是父亲有权根据子女行为是否迎合其意志和讨其欢心，将财产多分给或少分给这个或那个子女。

§73 这对子女服从有很大的约束作用：因此享用土地总是和服从土地所属国家的政府联系在一起；通常认为，父亲能够迫使其子孙后代服从他自己所服从的那个政府，用自己的契约约束他的子孙后代；然而，这仅仅是附加在土地上的一项必要条件，只有那些接受这项条件的人才能继承政府管理的土地，因此这不是一种与生俱来的约束或义务，而是一种自愿的服从。这是因为每个人的子女与他自己或所有祖先一样，都是生而自由的。当他们处于那种自由状态时，他们可以选择自己愿意加入的社会，选择自己愿意服从统治的国家。但是，如果他们欲享用祖先的遗产，他们就必须接受祖先获得遗产时接受的条件，遵守附加在财产上的一切条件。诚然，即便子女已成年，父亲仍可以使用这一权力使子女服从自己，而且通常还可以使他们服从某项政治权力。然而，这些并非基于父亲身份的特有权利，而是通过他们手中掌握的赏赐迫使他们服从，并对他们的服从给予补偿；他享有的这种权力，并不比一个法国人对一个英国人所享有的权力多：如果想得到留给他的土地，他就必须强迫自己服从。不论是在英国还是在法国，在将土地留给他时，如果他愿意享有，那么他必须接受拥有该土地的国家对土地占有规定的附加条件。

§74 我们由此得出结论：尽管父亲的支配权仅限于在子女未成年期行使，并且在某种程度上只适用于这个时期对子女进行约束和管教；各个阶层的人，终其一生，都必须孝敬父母，尽到拉丁人所说的"孝道"，尽到他们应尽的赡养和保护义务，但是这并未赋予父亲统治权，即制定法律和惩罚子女的权力；尽管父亲基于这一切并不能对儿子的财产和行动享有支配权，但是显而易见，我们可以设想，在人类早期以及现在仍人烟稀少的地方，一些家庭可以散居于无主之地，也可以迁移或定居于具有充足空间的人迹罕至之地，这样一来，作为一家之主的父亲很容易就会成为家庭之尊。① 从子女的幼年开始,他就是子女的统治者。这是因为,如果他们之间不存在某种统治权,那么他们很难一起共同生活。当子女们长大成人后,他们通过明示同意或默示同意的方式承认父亲的统治权。这一权力并未发生任何变化,只是不断传承下去而已。实际上,所需要做的仅仅是允许父亲在家庭中独自行使每个自由人在自然状态下享有的自然法执行权。通过这样的允许,只要子女还在家中,那就赋予了父亲一种君权。但是显而易见,这一君权并非基于父权,而是仅仅基于其子女的同意。因此,毫无疑问,如果有陌生人碰巧或因事来到他的家里,杀死了他的孩子或做了其他坏事,那么父亲可以将这个人定罪处死,或像惩罚其子女那样惩罚他。他能这样做,绝非基于任何父权,而是基于他作为一个自然人所享有的自然法执行权。在他的家庭中,之所以只有父亲能够处罚这个人,是因为他的子女出于尊重而将这一执行权交给了父亲,他们愿意让父亲享有高于其他家庭成员的尊严和权威。

---

① 因此,那位大哲学家的看法并非难以置信,他认为每个家庭的家长永远是,也可以说就是一个国王,因此,当许多家庭共同组成公民社会时,国王们就是他们中间的第一类统治者,这似乎也说明了父亲的名义仍保留在他们身上的原因,在这里,父亲被尊为统治者。统治者的古代习俗就是如此,比如麦基洗德(为亚伯拉罕祝福的撒冷王,也是上帝的祭司)。至于为什么要由国王行使最初由父亲行使的祭司职责,可能也是出于同样的原因。尽管如此,这并非是世界上唯一可被接受的统治方式。一种不便利的统治方式促使人们设计其他的统治方式。总而言之,不管是哪种公共统治方式,很明显,似乎都是来源于人们深思熟虑的建议、协商和妥协,这些方式被认为便利而理所当然;就其自身而言,在自然中,一切皆有可能;即使没有公共统治,人也可能生存下去。胡克:《宗教政治》,第1卷第10节。

§ 75 因此，子女通过一种默认和几乎无法回避的同意赋予了父亲权威和统治权，这是很容易的，并且几乎是自然而然地发生的。他们从童年时期起就习惯于服从父亲的管教，习惯于由父亲处理他们之间的小争执，但他们成年后，谁是管束他们的更佳人选呢？他们几乎没有什么财产，也没有多少贪心私欲，因此不会产生太大的争执。但是，当发生任何争执时，除了一直抚养和教育他们，并对他们全都慈爱有加的父亲之外，还能在哪里找到更适合的裁决者呢？因此他们对未成年和成年不加区分也不足为怪，如果子女们不想脱离未成年时期，那么他们就不会期待自己的21岁或任何其他年龄，因为他们在这个年龄可以自由处置自身和财产。他们在未成年时受到的统治，在这期间以及以后仍然是保护多于限制。与父亲的统治相比，他们根本找不到保障他们自身和平、自由和财产的更好办法。

麦基洗德是撒冷王，被称为"至高神的祭司"，这个名字的意思是"公义的王"及"平安的王"。亚伯拉罕的侄儿罗得被卷入一场部落战争中，他的一家及财物均被掳去。亚伯拉罕知道后，亲自率领家丁前往营救，打败了以基大老玛为首的部落同盟，顺利救出罗得一家。撒冷王麦基洗德带着饼和酒出来迎接亚伯拉罕凯旋。亚伯拉罕遂以战争中得来的十分之一缴纳给麦基洗德，其余的财物则全数归还予被基大老玛掳掠的所多玛王比拉。图为亚伯拉罕和麦基洗德。

§ 76 因此，作为一家之主的父亲在不知不觉中成为子女政

第六章 论父权 | 071

治上的君主。如果碰巧他们的寿命很长,留下了连续几代能力出众的杰出继承人,或者由于其他原因,他们在际遇、谋划或时机的推动下,为各种组织方式和形态的世袭制或选举制王国奠定了基础。但是,如果君主是凭借父权而享有君权的话,这就足以证明父亲是凭借自然权利而获得政治权力的,因为统治权的实际行使通常掌握在父亲手中。由此我会说,如果这个论断正确,那么它同样也能有力地证明,一切君主,而且只有君主,应当成为祭司。因为可以肯定的是,父亲最初既是家庭中的祭司,也是一家之主。

# 第七章　论政治社会或公民社会

## 经典名句

◆ 生育以及夫妻共同生活时相互支持和帮助是婚姻的全部目的,这些目的既能在政府状态下实现,也能在自然状态下实现。政府官员无权剥夺任何一方为实现此目的而享有的必要权利或权力,只能在夫妻双方对此发生争执时进行裁决。

◆ 国家有权对社会成员之间所犯的各种犯罪规定相称的惩罚(这是制定法律的权力),也有权惩罚社会之外的人对其任何成员所造成的损害(这是宣战媾和的权力)。所有这一切都是为了尽可能保护社会所有成员的财产。

古希腊的卫城

§77 根据上帝自己的理解,他将人类创造成一种不适宜独自生活的物种,通过使人类承担起需要、便利和爱好的强烈义务,迫使其进入社会,并赋予人类理智和语言,使其能够延续并享受社会生活。最初的社会是由丈夫和妻子组成的社会,由此萌生了由父母和孩子组成的社会,最终形成了由主人和奴仆组成的社会。尽管这三种社会关系可以,而且通常确实交织在一起构成了一个家庭,并且在这个家庭中,男主人或女主人拥有某种适于家庭的统治权,但是,如果我们考察这些社会的不同目的、关系和范围就会发现,这三种社会中的任何一种或整体都不足以形成政治社会。

§78 夫妻社会是依据男女之间的自愿契约形成的,它主要包括对双方身体的相互占有和权利,这也是实现夫妻社会的最终目的——生育——的必要条件;而且它还要求夫妻双方互相照顾、互相扶持和利益共享,这不仅对巩固夫妻相互关怀和彼此感情是必要的,而且对他们抚养共同的后代也是必要的,因为他们的后代在能够生活自理之前,有权利获得他们的抚养和供养。

§79 男女结合的目的不仅是为了生育,还为了种族延续,因此,即使生育之后,只要孩子需要父母的养育和供养,男女之间的这种结合就应延续下去。孩子需要生身父母的供养,直到自己能谋生和独立生活为止。我们发现,低等动物会坚定不移地遵守无限智慧的造物主为自己的杰作所订立的这一规则。在那些草食胎生动物中,雌雄之间的结合随着交配行为的结束而终结,因为在幼兽能够自己吃草之前,雌兽的乳汁完全可以养育它,而雄兽只是传宗接代,并不会关心雌兽和幼兽,因此它对养育幼兽毫无助益。但是在肉食动物中,雌雄之间的结合会更长一些,因为雌兽仅靠自己捕获的猎物无法使自己存活和养育众多的幼兽。与食草相比,捕食猎物是一种更费力也更危险的生存方式,这就需要雄兽的帮助来维持全家的生活,而幼兽在能够捕食之前是无法存活的,只能依靠雄兽和雌兽的共同照顾。所有的鸟类也是如此(家禽除外,充足的食物可以使雄禽免去喂养和照顾幼禽之责),幼鸟在巢内嗷嗷待哺,雄鸟和雌鸟继续做配偶,直到小鸟能够展翅飞翔和供养自己为止。

§ 80 由此看来,我认为这即使不是唯一原因,也是为什么人类之间的结合比其他生物之间的结合时间更久的主要原因。也就是说,当所生的前一个孩子尚未脱离对父母供养的依赖,还不能自谋生计,而且他所需的一切帮助仍需从父母那里得来时,女人还可以怀孕,而实际情况通常是如此,她们会再生育一个孩子抚养。由此以来,有责任照顾所生子女的父亲,也就有义务与同一个女人维持比其他生物时间都要长的夫妻社会,而其他生物在生育季节再次来临之前,它们的幼崽已能够供养自己,因此它们之间的结合也就自动结束了。直到婚姻之神海门在一年一度的

海门(Hymen)，希腊神话中的婚姻之神。

固定季节里再度召唤它们另选新配偶之时，它们一直是自由的。我们不得不对伟大造物主的智慧钦佩之至，他赐予了人类既能满足当前需要又能未雨绸缪的远见和能力，这就使夫妻社会中的两性结合比其他生物的两性结合时间更长久成为必要，也能鼓励他们勤勤恳恳，使他们的利益更好地结合在一起，从而可以为他们的共同后代预先做好准备和储备。如果夫妻社会的结合不稳定，或易于频繁解散，那将会对他们的共同后代造成严重伤害。

§81 然而，尽管对人类的这些约束使夫妻关系比其他动物之间的结合更牢固持久，但是人们还是有理由质问，为什么这种保障生育和教育、注重继承的契约不能和其他自愿契约一样，基于同意，或在一定时间内，或根据一定的条件而终止呢？不管就事情的性质而言，还是就其目的而言，这个契约不应该是终身的。我指的是那些不受任何实在法约束的契约，而那些实在法规定的契约则是终身的。

§82 虽然夫妻双方只有一个共同关注的问题，但是由于各自的理解不同,有时也就难免会产生不同意见,因此就有必要使最终决定权——即统治权——有所归属,自然而然,这一权力就落在了聪明能干、身强力壮的丈夫身上。但是这种权力范围仅限于他们的共同利益和共同财产,妻子仍然充分并自由地享有契约赋予她的特有权利。与她所享有的支配丈夫的权力相比,她赋予丈夫支配她生命的权力并不多。丈夫的权力根本无法与君主的权力相提并论,因此在很多情况下,在自然权利或他们的契约——不管契约是在自然状态下由他们自己订立的,还是根据居住国的习俗或法律订立的——允许的范围内,妻子享有与丈夫分离的自由,而在夫妻分离时,子女应归属于父亲还是母亲,由这种契约来决定。

§83 生育以及夫妻共同生活时相互支持和帮助是婚姻的全部目的,这些目的既能在政府状态下实现,也能在自然状态下实现。政府官员无权剥夺任何一方为实现此目的而享有的必要权利或权力,只能在夫妻双方对此发生争执时进行裁决。若非如此,如果绝对主权和生杀大权归丈夫所有,并且对于夫妻社会是必要的,那么在不允许丈夫享有这种绝对权威的国家里,就不可能存在婚姻。然而,婚姻的目的并未要求丈夫享有这种权力,而且夫妻社会的状况并没有将权力赋予丈夫,这种权力对婚姻社会是完全不必要的。即使没有这种权力,夫妻社会也能存在下去,并能实现其目的;不仅如此,财产共有、控制共有财产的权力、互相帮助和扶持以及属于夫妻社会的其他问题,都可以依据契约进行调整和规范。契约不仅使社会中的男女结合在一起,而且生育以及抚养子女使其能够自谋生计也是其应有之义。凡是对任何社会都没有必要的东西,对实现社会目的也是毫无用处的。

§84 在前面的章节中,我已经用大量篇幅论述过父母和子女之间的社会以及属于他们各自的权力和权利,因此在这里就不再赘述。我认为,这种社会明显与政治社会大不相同。

§85 主人和仆人这两种称呼源远流长,但是他们的身份却完全不同。一个自由人为了换取所得工资,在一段特定时间内将自己的劳役出售给另外一个人,这样他就使自己成了另一个人的仆人。虽然这样通常会将他置于主人的家庭之中,并服从他们的管束,但这只是赋予主人暂时支配他的权力,而且这种权力不能超出他们之间订立的契约所涵盖的内容。还有另外一种仆人,他们有特定的称呼,我们称之为奴隶。他们是在一场正义战争中被俘获的俘虏,根据自然权利,他们须服从主人的绝对支配权和专制权。如我所言,这些人已经丧失了自己的生命权,失去了自由,也失去了自己的财产;处于奴隶状态的人无法占有任何财产,在这种状态下,他们不能被看作是公民社会的一分子;因为公民社会的首要目的是保护财产。

§86 为此,让我们考察一下一家之主与家庭中的妻子、孩子、仆人和奴隶这些从属之间的关系。家庭是依据家庭内部规则结合而成的,尽管这种家庭在秩序、职责和人数方面类似于一个小国家,但是在组织、权力和目的方面却与国家大相径庭。或者说,如果非要将一个家庭看作是一个君主制国家,将一家之主看作是专制君主,那么君主专制政体就只有一种不稳定而且短暂的权力。根据前面所言，显而易见，就时间和范围而言，一家之主对家庭之内的人享有一些明确但又各不相同的有限权力。除了奴隶之外（不管家庭中是否有奴隶，一家之主的权力都一样大，家庭还是家庭），他对家庭中的任何成员都没有生杀予夺的立法权，而且家庭中的女主人也享有和他一样大的权力。既然他对家庭中的每位成员只享有非常有限的权力，那么他必定不能享有对整个家庭的绝对权力。但是，一个家庭或任何人类社会与真正的政治社会到底存在什么差异，通过对政治社会自身构成的考察，我们就会一目了然。

§ 87 前文已经证明，人生来就享有完全的自由，并不受限制地享受自然法赋予他们的一切权利和特权，与世界上的其他人或许多人一样，他生来就享有一项权力，不仅可以保护他的财产，即自己的生命、自由和土地不受他人损害和侵犯，而且还可以对他认为别人罪有应得的违法行为进行裁决和予以处罚，甚至在认为别人罪行严重时，可以按照需要对其处以极刑。但是，如果政治社会本身没有保护所有物的权力，从而也就无法惩罚社会中所有这些人的犯罪行为，这样的社会就不是政治社会，也无法继续存在下去。在政治社会里，也只有在政治社会里，每一个成员放弃了这一自然权力，在不剥夺每个人向社会制定的法律请求予以保护的情况下，交由作为整体的共同体处理。由此一来，社会所有特定成员的私人判决就被排除在外，社会成为公断人，固定不变的法规对所有当事人毫不偏袒，一视同仁；政治社会将权力赋予一些人，由他们执行法律，由他们决断社会成员之间可能发生的任何与权利问题有关的争执,并依据法律规定的刑罚惩处任何社会成员对社会的犯罪行为。由此我们很容易就能区分出谁和谁共处于同一个政治社会中,谁和谁不共处于同一个政治社会中。凡是结合为一个整体的人们,拥有共同制定的法律,拥有可以向其申诉并有权裁决他们之间的纠纷和惩罚犯罪行为的司法机关,这些人就彼此处于公民社会之中;然而,如果没有这种共同的申诉机关——我指的是在世界上——那么人们就依然处于自然状态之中,因为没有其他裁决者,所以每个人都是自己的裁决者和执行者,这就是我在前文中提到的纯粹自然状态。

§ 88 因此,国家有权对社会成员之间所犯的各种犯罪规定相称的惩罚(这是制定法律的权力),也有权惩罚社会之外的人对其任何成员所造成的损害(这是宣战媾和的权力)。所有这一切都是为了尽可能保护社会所有成员的财产。每个人可以实施私人判决以惩罚违反自然法的犯罪行为,但是每一个加入公民社会并成为国家成员的人都放弃了这一权力。由于人们已将所有案件的罪行审判权交由立法机关,他在这里可以向治安法官申诉,他就赋予了国家在执行裁决时使用其强制力的权利,而且随时可以使用;这实际上就是他自己的裁决,是由他自己或他的代表做出的裁决。我们从中知道了公民社会立法权和执行权的起源。对于如何惩罚发生在国内的犯罪行为,需要根据长期有效的法律来决定;对于如何惩罚外来的侵害行为,则应根据当时的实际情况做出临时裁决。在上述两种情况下,如有必要,可以使用全体社会成员的全部强制力。

**§ 89** 因此，无论在何地，只要有人通过这样的方式结合形成了一个社会，每个人放弃了自然法执行权，将这种权力交给公众，在这样的地方，也只有在这样的地方才会形成政治社会或公民社会。它是这样形成的：无论在何地，也无论人数多寡，自然状态下的人成为社会的一部分并形成一个民族，进而在具有最高统治权的政府之下组成一个政治实体；要么就是个人自己加入并参与一个已经成立的政府。这样他就授权给了社会，或授权给了这个社会的立法机关，这两者其实是一回事，然后根据社会的公共利益要求为他制定法律，并在执行法律时尽到自己应尽的协助义务（正如他自己做出的判决一样）。通过在人世间设裁决者，使他有权裁决一切争端和救济那些可能会受到伤害的任何国家成员；这里的裁决者就是国家的立法机关或立法机关任命的治安法官，这就使人们脱离了自然状态而进入了国家状态。无论在何地，无论有多少人，也不管以何种方式结合起来，如果他们没有这种可以申诉的裁决权，那么他们就仍处于自然状态之中。

**§ 90** 君主专制被某些人看作是世界上唯一的政体，但是很显然，它实际上与公民社会格格不入，因此它绝不可能是公民政府的形式。公民社会的目的是为了避免并补救自然状态的种种弊端，由于每个人都充当自己案件的裁决者，这些弊端是不可避免的。通过设立共知的权威，当社会中的每一个人在受到侵害或产生争执时，可以向其申诉，而且社会中的每一个人也应服从于它。① 无论在何地,如果没有这样的权威供任何人申诉,不能对他们之间的争执做出裁决,那么这些人仍处于自然状态;因此,就那些处于专制君主统治之下的人而言,每一个专制君主也是如此。

§ 91 只要有人被认为独揽一切,独自掌握立法权和行政权,那就不存在裁决者;当因君主或其命令造成痛苦时,也无法向公正无私和有权裁决的人申诉,更不能指望从对他造成侵害和不便的裁决中获得救济或赔偿。因此,这样一个人,不管你怎么称呼,可以称为沙皇、大帝或任何你喜欢的称呼,与其他人一样,他和他统治的所有人都处于自然状态。任何地方的两个人,如果他们之间没有长期有效的法规,也没有可以申诉的共同裁决者裁决他们之间的权利纠纷,那么他们仍处于自然状态之中,并忍受着由此带来的种种弊端。② 专制君主的臣民,更确切地说应该是奴隶,与处于自然状态下的人们只存在一个可悲的不同之处:在一般的自

---

① 一切社会的公共权力凌驾于社会所有人之上,这一权力的主要价值就是为受制于它的人们制定法律。除非有理由表明有必要予以执行,即理性或上帝法则确实与之相悖,否则我们必须遵守这些法律。胡克:《宗教政治》第 1 卷第 16 节。

② 应消除彼此之间的所有怨恨、伤害和犯罪,这些行为都是伴随着人类的自然状态而存在的。要解决这些问题别无他路,只有在他们之间达成和解和协议,组成某种公共政府,服从于那些有权力的人,是他们自己将权力授权给那些人进行统治和管理,由这些人为其他人实现和平、安宁和幸福的状态。众所周知,当受到暴力和侵害时,他们可以自卫。他们知道,不管人们如何谋求自己的财富,如果那样做对别人造成了伤害,那是不能容忍的,应由所有的人想尽一切好办法予以制止。最后,他们还知道,没有人能够合理地决定自己的权利,并根据自己的决定维护这种权利,因为每个人总会偏袒自己及其至爱的人。因此,除非他们一致同意服从那个获得大家认同的人,否则各种争执和麻烦会无休无止。如果没有这种同意,那实在没有理由认为一个人应当做另一个人的主人或裁决者。胡克:《宗教政治》第 1 卷第 10 节。

然状态下，他享有对自己的权利做出裁决并尽其所能加以维护的自由；而现在，当他的财产因君主的意志和命令受到侵犯时，他不但不能像社会中的人们那样进行应有的申诉，而且他作为理性人的共有状态受到了贬低，丧失了裁决和捍卫自身权利的自由。他为此要承受各种不幸和不便，这些会使一个人对另一个人产生恐惧，而另一个人处于不受约束的自然状态中，会因阿谀奉承而腐败堕落，因执掌权力而飞扬跋扈。

§ 92 对那些认为绝对权力能够净化人的心灵和纠正人性弱点的人而言，只要读一读当代历史或任何其他时代的历史，就会得出相反的结论。在美洲森林里横行不法的人，即使登上王位也不会好到哪里去。他若在位，可能会拿学说和宗教证明他对臣民所做的一切皆合法，如果有人胆敢质疑，他会立即动用武力使那些人三缄其口。当君主专制政体臻于完美时，这种体制能保护什么？它会使君主成为什么样的一国之父？它能为公民社会带来多大程度的幸福和安全？我们研究一下锡兰近来的情况，就很容易理解了。

§ 93 事实上，与世界上其他政体一样，君主专制政体下的臣民可以诉诸法律，由法官裁决各种争执，从而防止臣民自身和臣民之间可能发生的任何暴行。人人都认为这是必要的，并且坚信，谁要剥夺它，就应被视作人类社会的公敌。我们有理由怀疑，这是否出于人类社会中的真心爱护，是否出于人们彼此间应有的博爱。这只不过是每一个热爱自己的权力、利益或威名的人会去做而且自然而然必须做的事，他们为了自己的享乐和利益，使那些劳作的牲畜不会互相伤害或杀戮。它们受到了很好的照顾，并不是因为主人爱护它们，而是因为主人爱护自己以及它们能为他带来利润。如果有人问，在这一状态下，为了抵制这位专制统治者的暴行和迫害，可以采取什么样的保护或防护措施呢？这一问题让人无法容忍。他们会告诉你，只要询问安全问题就该死。他们承认，为了臣民彼此之间的和平与安全，在臣民们之间必须有措施、法律和法官；但对统治者而言，他理应专制独裁，凌驾于一切之上。因为他有权力造成更多的危害和做更多的坏事，而且做这些事情是正当的。如果你要问，当他使用最强硬的手段这样做时，如何才能免受他在这方面造成的迫害或伤害呢？这立刻就会成为内讧和叛乱的呼声。这就犹如当人们摆脱自然状态进入社会时，他们都同意所有人都应受法律的约束，而只有一个人除外，这个人仍然可以保留自然状态下的全部自由，而这种自由会因权力而扩大，因不受惩罚而无法无天。这等于认为，人们竟如此愚蠢，他们提防着鼬鼠或狐狸，以免受它们侵害，但却心甘情愿地被狮子吞食，而且还以为自己安全无虞。

§ 94 巧言令色会使人智昏，但却无法蒙蔽人们的感觉。当人们发现，不管一个人处于何种地位，如果公民社会能约束他们却不能约束那个人，并且他们受其伤害而在人世间却申诉无门时，他们就会认为，对于那个人而言，他们自身处于自然状态之中，并且他们会发现他也处于自然状态之中；他们会很快注意到应享有公民社会的安全和保障，因为这是建立公民社会的最初目的，也是他们加入公民社会的目的。因此，尽管起初（在下文中会进行详细阐述)或许有一位德高望重的人,他在众人之间名声显赫,人们尊崇他的善良和美德,就像尊崇一种自然权威。基于一种默示同意,人们将仲裁彼此之间争执的主要规则交由他裁决,未经任何慎重考虑,而只是出于对他的正直和智慧的信任。但是随着时间的推移,早期因为随随便便和缺乏先见之明而形成的各种惯例,渐渐具有了权威性和(正如一些人劝我们相信的那样)神圣性,由此催生了另一类继承者。民众发现,他们的财产在这一政府统治之下不像以前那样安全(而政府的唯一目的是保护财产,并无其他目的)。只有将立法权交由集体,可称之为元老院或议会,或者随你怎么称呼,他们才会感到安全或安宁,并且认为自己处于公民社会之中。通过此种方法,作为个体的个人与其他最卑微的人一样,均应服从他自身也是其中一分子的立法机关所制定的法律。法律一经制定,任何人都不得自恃自身权威逃避法律的约束,也不能以地位高贵为借口,就放任自己或下属的不法行为,为此请求豁免。在公民社会中,任何人都不能受法律豁免。[①]如果任何人都可以为所欲为,对他所造成的伤害,在人世间无法通过申诉获得赔偿或保障,那么我就要问,是否他仍然完全处于自然状态之中,因此就不是公民社会的一分子或一员?除非有人说,自然状态和公民社会是同一回事,可是我从来没有发现,那些唯恐天下不乱的人会如此言之凿凿。

---

① 民法是整个政治体的法律,因此它也会对这一政治体中的众多组成部分产生影响。胡克:《宗教政治》第1卷第10节。

# 第八章　论政治社会的起源

## 经典名句

◆ 发起并实际组成的政治社会,只不过是自由人的同意而已,他们能够使多数人联合起来并加入这一社会。正是如此,也只有如此,才创立了或才能够创立世界上的合法政府。

◆ 如果一个家庭成员众多而能够自给自足,并继续能够生活在一起而不与他人混居,那就会像地广人稀的地方一样,政府往往起源于父亲。

◆ 那些终生都生活在另一个国家并享受其权利和保护的外国人,尽管他们必须,或者凭良心说要像任何公民一样服从政府的管理,但他们并不能因此就成为这个国家的臣民或成员,除非通过正式约定或明确的承诺和契约真正加入这个国家,否则就不能使他成为其中一员。

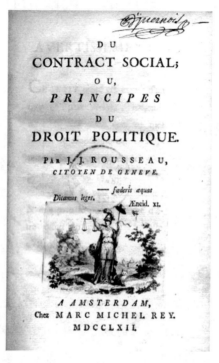

深受洛克思想影响的卢梭,写成了《社会契约论》一书。

§ 95 如上所述，人人生而自由、平等和独立，未经本人同意，不能将任何人置于这种状态之外，不能使之受制于另一个人的政治权力。任何人放弃天赋自由并服从公民社会约束的方式只有一种，即为了谋求人们彼此之间舒适、安全和和平的生活，与他人达成一致，加入并联合组成共同体，从而安全享用他们的财产以及获得更大的保障来防范共同体之外的任何人。不管人数多寡，他们都可以这么做，因为这样不会损害其他人的自由，仍然可以像以前那样享有自然状态的自由。当任何数量的人通过契约同意建立一个共同体或政府时，他们因此就会立即结合起来组成一个国家，这个国家的多数人拥有采取行动和限制其他人的权利。

§ 96 当任何数量的人基于每个人的同意而组成一个共同体时，他们也就使这个共同体成为了一个实体，并拥有了作为一个实体而采取行动的权力，而这只能取决于绝大多数人的意愿和决心。任何共同体采取行动只能基于其成员个体的同意，而且作为一个实体必须行动一致，不管较大力量的方向归于何处，实体必须朝着它的方向前进，即多数人同意的方向，否则它就不可能作为一个实体或共同体采取行动或继续存在下去，而基于组成它的每个人的同意，它理应如此；多数人决定是基于这样的同意，因此每个人都受多数人限制的约束。因此,在我们看来,实在法授权议会采取行动,但并未规定采取行动的人数,多数人的行为被认为是全体成员的行为,根据自然法和理性法则,多数人的行为自然具有作为整体做出决定的权力。

§97 由此,当每个人与其他人同意组建由一个政府领导的国家时,他也使自己对社会中的每位成员都负有了一种义务,即服从多数人的决定,并受其限制。否则他和其他人为组成社会而订立的这一最初契约便毫无意义。如果他仍然像在自然状态下那样自由,不受其他约束,那这契约也就不是契约了。那契约将会成什么样子?如果他只受那些自己认为适合且确实经其同意的法令约束,而不受社会的任何法令约束,那还算什么新契约?这样,他享有的自由仍然和他在订立契约之前,或处于自然状态下的人享有的自由一样多,而自然状态下的人可以服从和同意自己认为合适的任何法令。

§98 如果在理性上不认同"多数人同意"是"全体须遵守的法令",并且它对每个人具有约束力,那只有人人都同意方能使之成为全体遵守的法令,但要实现这种同意几乎是不可能的。虽然公共集会的人数比国家的人数少很多,但是我们要考虑到许多人会因体弱生病和事务繁忙而缺席公共集会;再加上看法不同和利害冲突这些在人类集体中不可避免的事情,如果在这样的条件下进入社会,那就会像加图(Cato)走进剧院一样,刚入场就得出来。这样的组织方式会使强大的利维坦朝生暮死,比最孱弱的生物还短命。这是不可想象的，除非我们认为，理性的人类要求组成社会只是为了使之解体。如果多数人无法限制其他人，那么他们就无法作为一个整体采取行动，其结果只能是再次立即解散。

§99 因此，无论是谁，只要他们脱离自然状态联合成为一个共同体，就必须被理解为，为联合成为社会这一目的而必需的一切权力，应交给共同体的多数人，除非他们明确同意将权力交给多于多数人的任何人数。只要人们同意联合组成一个政治社会就能实现这一点，这正是那些加入或组成国家的个人之间达成或需要达成的契约。因此，发起并实际组成的政治社会，只不过是自由人的同意而已，他们能够使多数人联合起来并加入这一社会。正是如此，也只有如此，才创立了或才能够创立世界上的合法政府。

"利维坦"在《圣经》中是象征邪恶的海中怪兽。托马斯·霍布斯于1651年写了《利维坦》一书，全名为《利维坦，或教会国家和市民国家的实质、形式和权力》，在书中他将利维坦比喻为强势的国家。该书系统阐述了国家学说，探讨了社会的结构，其中的人性论、社会契约论，以及国家的本质和作用等思想在西方产生了深远影响，是西方最著名和最有影响力的政治哲学著作之一。

§100 对于这一点，我发现有人提出了两点反对意见。

第一，"在人类历史上尚未发现有这样的先例，即彼此独立平等的一群人集合在一起，按照这种方式开创和建立一个政府"。

第二,"人们没有权利这样做,因为所有人出生之时就已处于政府统治之下,他们必须服从这个政府,而不能随意创立一个新政府"。

§ 101 对于第一点意见,可以这样反驳:自然状态的群居在历史记载中少之又少,这根本不足为奇。因为自然条件的种种不便以及他们喜好并且需要交流,一旦将任何数量的人集合在一起,如果他们打算继续群居,那么他们就会立即联合起来组成社会。如果因为对人类的自然状态孤陋寡闻而就此否认人们曾处于自然状态,那么我们也可以说,亚述国王萨尔玛那萨尔或波斯国王薛西斯军队的军人根本没有童年,因为我们对他们成年和参军之前的情况一无所知。不论在哪里,都是先有政府,然后才有记载。一个民族只有经历了公民社会的长期发展,依靠其他一些必要技艺使人们过上安全、便利和富裕的生活之后,才开始出现文字。自此之后,他们才开始探究先祖的历史,追寻先祖的起源,但在那时他们已经对这段历史无从记忆了。国家与人一样,往往对自己出生和幼年时的事情不甚了解。即使他

萨尔玛那萨尔一世,亚述帝国国王,约公元前1274—前1245年在位,曾大力开疆扩土,建立霸业。

薛西斯一世,波斯帝国的国王,于公元前486—前465年在位,曾镇压了埃及的暴乱,并率军入侵希腊。

们对自己的起源有所了解，那也是因为他们看到了别人不经意保存下来的记录才知道的。由于犹太民族根本不赞成父亲的支配权，因而上帝亲自对犹太民族直接干预，除它之外，我所提到的其他民族都可以作为这一起源的一般例证，或至少在这方面有明显的迹象。

§ 102 如果确凿事实与主观臆测不吻合，而他却否定这一事实，那么他的倾向必定让人匪夷所思，那他也就不会承认，罗马和威尼斯的创建是由众多自由而相互独立的人们联合而成，他们没有尊卑之分和臣属之分。如果我们引证约瑟夫斯·阿科斯塔的话，他会告诉我们，在美洲的许多地方，以前根本就没有政府。他说："根据有力而明显的推断，在很长一段时间里，这些秘鲁人既没有国王，也没有组成国家，而只是过着群居生活，就像现在的弗罗里达人、巴西的吉里夸纳人和其他许多民族一样，都没有固定的国王，只有在和平或战争的紧要关头，他们才根据意愿选出自己的领袖"（《印第安人的自然和道德历史》第 1 卷第 25 章）。即便说每个人生来就受他的父亲或一家之主的支配，孩子对父亲或一家之主的服从也不能剥夺他加入自己任何适合的政治社会的自由，这是早已被证明的。不管怎么说，显而易见，这些人实际上是自由的。不管现在的一些政治家希望他们当中的

约瑟夫斯·阿科斯塔（Josephus Acosta，1539—1600 年），西班牙人，著有《印第安人的自然和道德历史》，介绍了南美洲的自然状况以及南美洲印第安人的生活和风俗习惯。

某些人享有什么样的优越地位,但他们本身并没有提出这种要求,而是基于同意,所有人都是平等的,直到他们基于一致的赞同,选出一位统治自己的统治者。因此,他们的政治社会都源于人们的自愿联合,源于人们自由选择他们的统治者和政府形式的共同协议。

§ 103 我希望人们能够肯定《查士丁》第 1 卷第 3 部分第 4 章中提到的,随帕兰德杜斯离开的斯巴达人曾是相互独立的自由人,他们基于协议设立了一个统治自己的政府。因此,从那些处于自由状态和自然状态的民族的历史中,我已经列举了许多例子:他们联合起来建立了一个国家。如果因缺少这样的例证就认为政府不是也不能是这样建立起来的,那么我建议那些鼓吹父系王权的人还是放弃这种观点为妙,不要用它来反对天赋自由。如果他们也能从历史中举出如此多的事例证明政府的设立源于父权,那么我认为(虽然这种用已发生之事证明应有之事的论证方法并无多大说服力)我们即使在此事上做出让步也不会造成严重后果。如果在这个问题上我可以提出建议的话,我建议他们不要过多地研究政府起源,正如他们实际上已经做的那样,以免在大多数研究的基础之上,发现一些对他们所倡导的构思和所鼓吹的权力不利的东西。

§ 104 由此可以得出结论:我们的论证显然是有理可循的,人生而自由,而且历史事例也说明,世界上凡是在和平时期创建的政府都是建立在上述基础之上的,并基于民众的同意而建立。因此,最初建立政府的权利来自何处,或人们当时的看法和实践如何,这些都是无法怀疑的。

**§ 105** 如果我们回顾历史追溯国家起源,那么我们通常会发现国家由一个人进行统治和管理,我对此并不否认。同时我也相信,如果一个家庭成员众多而能够自给自足,并继续能够生活在一起而不与他人混居,那就会像地广人稀的地方一样,政府往往起源于父亲。根据自然法,父亲和其他人享有同样的权力,他们可以在自认为适当的时候惩罚任何违反自然法的罪行,因此他也可以惩罚那些犯罪的子女,即使他们已经长大成人,脱离了未成年期,亦是如此。他们甘受父亲的惩罚,并与他一起惩罚犯罪的人,这样他们就赋予了父亲执行判决任何罪行的权力,从而使其成为这个家庭所有成员的实际立法者和统治者。他是最受信任的人,父亲的慈爱使他们的财产和利益在他的关心下得到保障,他们在幼年时期听从父亲的习惯使他们更易于服从父亲,而不是服从其他人。聚居的人们之间出现统治是不可避免的,如果必须有人对他们进行统治,那谁更适合呢?因为他是他们共同的父亲,除非他因过失、残忍或其他身心缺陷而使之无法胜任。但是,如果父亲去世了,留下的继承人年龄尚小,缺乏智慧、勇气或其他任何品质,不适合进行统治,或者许多家庭聚居在一起,并同意继续这样生活下去,那么毋庸置疑,他们可以行使天赋自由的权利,选出他们认为最精明能干、最适合的人统治他们。我们发现美洲人的情况与之相符,他们(未被秘鲁和墨西哥两大帝国武力征服和扩张统治的人)享有自己的天赋自由,如果没有其他情况,他们通常会拥立已故国王的子嗣;但是如果发现他懦弱无能,他们就会抛弃他,选择最坚定勇敢的人做他们的统治者。

**§106** 因此,通过查考那些描述在世界上定居的文献记录或各民族的历史记载,我们往往可以发现统治权由一人掌握,但这并不能推翻我的断言,即政治社会的创立基于加入和组成这个社会的人们的一致同意;因此,当他们联合在一起的时候,就可以建立他们认为合适的政府形式。但是这会引起人们的误解,以为政府本来就是君主政体,本来就归父亲所有。人类为什么在最初的时候通常会采用这种形式,我们在这里考虑一下这个问题没有什么不对。一些国家在创建之初,可能是由于父亲享有的优越地位使他一开始就大权独揽。但是显而易见,这种一人独揽大权的政府形式得以延续并非出于对父权的尊重和敬畏。因为所有的小君主国,或者更确切地说几乎所有的君主国,在创建之初他们的君主通常都是选举出来的,至少在有些时候如此。

**§107** 首先,在最初的时候,父亲对后代从幼年时期就进行管束,这使他们习惯于接受一个人的统治,并使他们明白,这种统治需要耐心和技巧、亲情和爱,这足以使他们获得并保有人们在社会中寻求的一切政治幸福。他们要选择并且会自然而然选择这种政府形式不足为奇,他们从幼年时期就习惯了这种形式,而且根据经验,他们发现这种形式既方便又安全。如果我们补充一点的话,那就是君主制简单明了,人们对政府形式既没有经验可借鉴,帝国的野心和狂妄也没有教育人们提防君主特权的侵犯或专制权力的迫害,而这些君主特权和专制权力是君主制沿袭过程中主张并施加于民众的。根本不足为奇的是,当民众将权力赋予这些人时，没有劳神费力思考一些方法限制这些人的胡作非为，也没有将权力分成几部分，交由不同的人控制不同的部分，从而均衡政府的权力。他们没有经历过暴君统治的压迫，再加上民风古朴，财富有限，生活方式简单（这不足以让人们产生贪念或野心），因此他们没有理由忧虑或防范它，他们能够置身于这种政府结构也就不足为奇了。这种政府形式不仅如我前面所说的最简单明了，而且又最适于他们当时的状态和条件，因为当时更需要的是抵制外国的侵略和欺凌，而不是追求法律多样性。简朴贫穷生活方式之下的平等，将人们的欲望限制在各自微薄财产的狭窄范围内，因而产生的纠纷很少，也不需要太多的法律进行裁决，而且不法行为和违法之徒寥寥无几，也就不需要法官。既然人们因志同道合而组成社会，那就只能认为他们彼此熟知并且友好相处，而且他们之间存在一定的相互信任；与他们对彼此之间的忧惧相比，他们对其他人的忧惧感更强。因此，他们首要关心和思考的是如何保护自己和抵御外国势力。他们自然而然会将自己置于某种最能实现这种目的的政府结构之下，挑选最英明勇敢的人在战争中指挥他们，率领他们抗击敌人，在这方面做他们首领般的统治者。

**§ 108** 因此我们可以明白，如今的美洲仍然是亚洲和欧洲原始时期的样子，那些国家人口稀少，人力和财力的匮乏不会使人们产生扩张土地的欲望，也不会因扩张土地范围而引起争斗，而美洲印第安人的国王只不过是他们军队的统帅而已。尽管他们在战争期间享有绝对指挥权，但在国内以及和平时期，他们行使的统治权非常少，只不过享有些微受节制的主权而已。战争与和平的决议一般由民众或议会决定。因为战争本身不允许多人领导，自然而然会将指挥权移交给国王一人独享。

**§ 109** 从以色列民族自身来说，他们的士师和早期国王的主要职责，似乎就是担任战时首领和军队统帅；其中（除了指日常出入时走在民众的前面之外，还指出征参战或班师回国时走在队伍的前面），耶弗他的故事明确表明了这一点。亚扪人向以色列发动战争，于是基列人惊恐地派人去请耶弗他。耶弗他是私生子，他们早已与他断绝了关系。他们与他订立契约，如果他愿意帮助他们抵抗亚扪人，就拥立他做他们的统治者。《圣经》的原话是这样说的："百姓拥立他为首领和统帅"（《圣经·旧约·士师记》，第11章第11节），这就跟拥立他当士师一样，所以《圣经》中又说，"他做以色列的士师"（《圣经·旧约·士师记》，第12章第7节），也就是说，耶弗他做他们的统帅达六年之久。基甸曾做示剑人的士师和统治者，后来示剑人对基甸忘恩负义，约坦为此训斥示剑人说："他为你们冒死征战，使你们摆脱米甸人的魔掌。"（《圣经·旧约·士师记》，第9章第17节）。《圣经》里只提到了他作为统帅的事，并没有提到其他事情。事实上，这就是有关他或其他任何士师的历史记载中所能看到的一切。尽管亚比米勒只是示剑人的统帅，但却被特意尊称为国王。以色列的子民对撒母耳儿子的恶行深恶痛绝，他们期望有一个国王，"像所有的国家一样，统治他们，率领他们，为他们而战"（《圣经·旧约·撒母耳记上》，第8章第21节）。上帝允诺了他们的请求，对撒母耳说："我将为你们派一个人,你们必须选他作为我的子民即以色列人的统帅,他能挽救我的子民脱离非利士人的魔掌"(《圣经·旧约·撒母耳记上》,第9章第16节)。似乎国王的唯一职责就是率领他们的军队,为保卫他们而战。因此,在扫罗登基时,撒母耳将一瓶膏油倒在了扫罗头上,对他宣誓说:"耶和华选你做承继他基业的王"(《圣经·旧约·士师记》,第10章第1节)。因此,当以色列各族在米斯巴庄严推选扫罗为他们的国王并向他致敬时,那些不同意立他为王的人也没有其他反对意见,而只是说:"这个人如何拯救我们呢?"(《圣经·旧约·撒母耳记上》,第10章第27节)他们似乎是想说:"这个人不适合做我们的王,在战争时既无谋略又无才干,不能保护我们。"当上帝决心将统治权交给大卫时,撒母耳对扫罗说:"现在你的王位必不能长久,上帝已经寻着一个合他心意的人,让他统御其子民"(《圣经·旧约·撒母耳记上》,第13章第14节)。似乎国王的全部权力就是做他们的统帅:因此,当那些曾忠于扫罗家族而反对大卫统治的以色列各族来到希伯伦时,他们服从于大卫,并且告诉他,很多人认为他们必须像服从他们的国王一样服从他,扫罗在位时,大卫实际上就已经是他们的国王了,所以现在他们接受他做国王责无旁贷。他们说:"从前扫罗做我们的国王的时候,是你率领以色列人出生入死,上帝也曾对你说,你

大卫与扫罗

第八章 论政治社会的起源

必须奉养我的以色列子民，你应该做以色列的王"（《圣经·旧约·撒母耳记下》，第5章第2节）。

§ 110 因此，在一个家族逐步演变为国家时，父亲的权威由长子继承，在这一权威下成长的每个人都会按惯例服从，而这种继承的简易性和公平性不会损害任何人，每个人都默示同意，经过一段时间确认之后，根据传统惯例确定继承权；多个家族或这些家族的后代因为机缘巧合、邻近居住或生意往来聚集在一起，逐渐联合成社会。不管是以上哪种情况，都需要一位统帅在战时带领众人抵御敌人，而且在那个艰苦而高尚的年代（世界上能够存续下来的政府，在建立之初几乎都是这种情况），纯真和诚挚使人们彼此相互信任，因此最初的创立者们往往会将统治权交给一个人，他们除了对这件事情的性质和政府的目的有所要求之外，并未提出其他明确的限制或约束。不管最初是什么原因致使统治权落入一人之手，可以肯定的是，如果不是为了公共利益和安全，他们不会将统治权交给任何人，而在国家成立之初，享有统治权的人也是为实现这些目的而行使统治权的。如果他们不这样做，这个新成立的社会就难以为继。如果对公共福祉没有这种父亲般的细心呵护，那么所有的政府在成立初期就会因孱弱不堪而消亡，其国王和民众也会随之灭亡。

§ 111 在那个黄金时代（在虚荣的野心、万恶的占有欲和歪风邪念腐蚀人心，使人们曲解权力和荣誉的真正意义之前）有很多美德，因而也就有了更让人满意的统治者和不那么品行不端的臣民。一方面在那个时候没有不断扩张的君主特权压制民众，另一方面也就没有为了削弱或限制最高统治者的特殊权利而引发的争端,因此在统治者和民众之间就不存在关于统治者或政府的争论。① 但是到了后世,野心和奢华放纵使统治者只想保有和扩大权力,而不去做分内之事;再加上各种阿谀奉承,使君主认为自己享有与民众截然不同的利益,因而人们发现有必要更审慎地分析政府的起源和权利,并找出一些遏制胡作非为和防止滥用权力的方法。他们原本只是为了自己的利益而将权力交与他人,结果却发现这一权力被用来伤害他们。

§ 112 由此我们可以看到这是极有可能的:生而自由的民众基于自己的同意而服从父亲的统治,或不同的家族联合起来组成政府,他们通常会将统治权交给一个人,甘愿服从他的统治,他们认为可以对他的诚实和谨慎完全放心,因而没有提出明确的条件限制或控制他的权力。他们做梦也不会想到君主专制可以神授,在近代神学提出这一说法之前,我们也闻所未闻;他们从来也没有承认过父权有统治的权利,或可以作为一切统治的基础。因此,这足以表明,就我们从历史中获得的启迪而言,我们有理由得出以下结论:所有以和平方式建立的政府都建立于民众同意的基

---

① 在最初的时候,人们在认可某种统治时,可能并没有对统治方式进行更深层次的思考,但他们凭经验发现,完全依照他们的智慧和谋略进行统治会对所有各方造成极大的不便,这样一来,他们设计的解决方法实际上加重了本应已经治愈的疼痛。他们发现,按照一个人的意志生活,会成为所有人痛苦的原因。这促使他们依靠法律,让所有人事先明白其责任,知道违反法律应受到的惩罚。胡克:《宗教政治》,第1卷第10节。

础之上。我之所以提到"以和平方式",是因为我在文中其他地方将谈到征服,而有些人认为征服是创立政府的途径之一。

对于我阐述的政府起源,我发现还存在另一种反对意见:

> **113** 人生来就处在这个或那个政府的统治之下,任何人都不能自由随意联合起来创立一个新政府,或者说任何人不能建立一个合法的政府。

如果这个观点是正确的,那么我就要问,为什么世界上会出现如此多的合法君主政体呢?如果有人据此论断能向我证明,任何一个人在任何时代可以自由创立一个合法君主政体,那我必能向其证明,其他十个自由人此时也有权自由联合起来,在王权之下创立一个新政府或任何其他形式的政府。这表明,如果一个生来就受别人支配的人能够自由享有在另一个不同的新帝国中支配他人的权利,那么生来就受别人支配的人也同样可以如此自由,成为另外一个截然不同的政府的统治者或臣民。因此,根据他们自己的这一原则,要么不管人们出身如何,他们都是自由的;要么世界上只有一个合法的君主,只有一个合法的政府。因此他们什么都不用做,只要告诉我们哪一个正确即可。当他们这样做了之后,我相信全人类毫无疑问都会同意服从于他。

> **114** 虽然这充分地反驳了他们提出的反对意见,并使他们咎由自取,陷入了那种他们用这些反对意见反对别人而使别人处于困境的同样境地,但我仍然需要努力进一步揭示这一观点的不足之处。

他们说:"所有人生而处于政府统治之下,因此他们不能随意建立一个新政府。每个人生来就应服从父亲或君主,因此要永远受忠孝的束缚。"但是显而易见,人类从未承认或考虑过这种生来就有的服从,即生来就服从这个人或那个人,未经他们同意就服从这些人或他们的子嗣。

§ 115　不论在宗教史还是世俗史中,这类例子比比皆是。他们摆脱从出生以来就受到的管辖,从养育他们的家庭或社会中退出,不再服从,转而在其他地方创立新政府。因而在早期时代出现了众多小国家,而且只要有足够的空间,数量就会不断增加,直到更强大富有的国家吞灭弱国,而这些强大的国家又会再度四分五裂,分裂成无数的小国。所有这些都是对父系主权不利的例证,它们清楚地表明,政府的起源并非是父亲传承给其继承人的自然权利。因为根据这种观点,世界上不可能有如此之多的小王国;如果人们不能自由脱离他们的家族或政府——不管是什么样子的家族或政府,不能建立他们认为合适的不同国家或政府,那么世界上必定就只能有一个统一全世界的君主国。

§ 116　这就是这个世界有史以来的写照。现在人们生来就处于组织完备的古老国家中,这些国家有完备的法律和固定的政府形式,但是与那些出生在森林中并过着无拘无束生活的人相比,人类的自由并没有受到更多的限制。有人试图让我们相信,我们生来就处于政府统治之下,我们自然理应臣服于它,从而也就没有权利或借口享有自然状态的自由;而这些人找不出其他理由(除了我们已经反驳过的父权理由之外)来佐证这一观点,而唯一的理由是我们的父亲或祖先放弃了他们的自然自由,从而使他们自己和子孙后代永远臣服于他们服从的政府。诚然,不管人们自己做出了什么样的诺言和承诺,他都有义务去实现,但是不能通过任何契约来约束自己的子女或后代。对儿子而言,当他长大成人后,他和父亲完全一样自由,父亲的任何行为都不能剥夺儿子的自由,正如父亲不能剥夺其他人的自由一样。的确,父亲作为一国的臣民可以享有土地,他可以在这些土地上附加一些条件,如果儿子期望享有父亲的财产,那么父亲就可以强制他成为这个国家的臣民,因为这些土地是父亲的财产,所以他可以随意处置或安排它。

§ 117 这往往会使人们对这个问题产生误解。因为国家不容许领土的任何一部分被分离出去,也不容许非本国之外的人享有,所以只有儿子处于与父亲相同的条件之下,也就是成为那个社会的一员才能继承父亲的财产。这样他就和这个国家的其他臣民一样,很快就将自己置于那个业已创立的政府之下了。因此,那些生而受政府统治的自由人,是经过自己的同意而成为社会成员的,而这种同意是在他们成年时各自分别表示的,而不是共同表示的。人们没有注意到这一点,并且认为人们根本没有表示过或者认为没有必要表示,因而就断定他们自然是这个国家的臣民,正如他们生来就是人一样。

§ 118 但是显而易见,政府本身对这个问题的理解是不同的。政府并不会因为对父亲享有权力就宣布对他的儿子享有同样的权力,也不会因为父亲是它的臣民就将其子女也视为自己的臣民。如果英格兰的臣民与妇女在法国生了一个孩子，那么这个孩子是哪国的臣民呢？他不是英格兰国王的臣民，他必须离开法国、经过恩准才能获得作为英国国民的权利。他也不是法国国王的臣民，如果他是的话，那么他的父亲怎么可以随便带走并养育他呢？无论是谁，如果他离开了一个国家或同此国交战，那就能仅仅因为他出生在这个国家时他的父母是外国人而判他为卖国贼或逃亡者吗？很显然，无论根据政府自身的实践还是正确的理性法则，孩子并非生来就是某个国家或政府的臣民。在达到能够辨别是非的年龄之前，他处于父亲的监护和权威之下，而在这之后，他就自由了，可以自由选择服从的政府，自由加入想要加入的国家。如果一个出生在法国的英国人的儿子享有这种自由，能够这么做，那么显而易见，他的父亲作为英格兰臣民并不会对他产生任何限制，也不受其祖先订立的任何契约的约束。那么根据同样的理由，不管他的儿子出生在何地，为什么不能享有同样的自由呢？既然父亲对子女享有的权力是一样的，不管子女出生在哪里，他们之间的自然义务关系不受任何王国或国家正式规定的限制。

§ 119 如上所述，每个人生而自由，除非他同意，否则没有什么事情可以将其置于任何世俗权力的支配之下。那我们就应该考虑，怎样才能被认为是充分表示一个人同意服从政府法律。一般说来有明示同意和默示同意之分，这与我们现在讨论的问题有关。毫无疑问，任何人只有明示同意加入一个社会，才能使自己成为这个社会的合法成员或这个政府的臣民。困难之处在于，哪些行为应被视作默示同意以及它的约束程度有多大，也就是说，当他根本没有明确同意加入时，如何才能视作他已经同意并服从政府。对于这个问题，我认为，只要他占有或享用了政府的任何一部分领土，那么他就表示了默示同意，因此在享用期间，他就必须和这个政府统治下的其他人一样遵守政府的法律，而不管他占有的是他和子孙永远享有的土地，还是只暂住一周的住处，又或者仅仅是在公路上自由旅行；实际上，他只要身处政府的领土范围之内，就是表示了同意。

§ 120 为了更好地理解这一点，我们可以这样认为，每个人在最初加入一个国家时，他通过加入国家这一行为，将自己已有的或应得的但不属于任何其他政府的财产并入这个国家，并服从于这个国家。对于任何人而言，他们与其他人一起加入社会是为了保障和管理自己的财产，而土地所有权本应受社会法律管理，但他们却认为自己作为土地所有者是这个政府的臣民，他的土地应该免受政府管辖，所以这是一个直接的矛盾。因此，任何人在将原本是自由之身的自己加入一个国家时，他也就通过这一行为将自己原本不受约束的财产加入到了这一国家之中。只要这个国家继续存在，它们——他自身和他的财产——都要服从这个国家的统治和支配。自此以后，无论是谁，只要通过继承、购买、准许或其他方式享用归这个国家所有并受其政府管辖的任何一部分土地，就必须接受管辖那块土地的条件，也就是说，应服从这个国家的政府，处于它的管辖之下，就像它的臣民一样。

§ 121 但是，既然政府只对这块土地享有直接管辖权，而且只有在所有者（在他真正加入这个国家以前）居住于这个国家并享用它时才会被管辖,那么任何实际享用土地的人应承担服从政府的义务,并且这种义务与享用土地共生共灭。因此,无论何时,当那些对政府给予默示同意的所有者通过赠与、出售或其他方式放弃上述财产时,他们可以自由进入并加入任何其他国家,或与其他人达成协议,在空旷的地方,在世界上任何一个他们能够找到且仍处于自由状态和未被占有的地方建立一个新国家。但是,他一旦以实际协议或明确声明表明自己同意加入一个国家,那么他就必须永远坚定不移地做这个国家的臣民,再也不能享有自然状态的自由,除非他服从的政府因某种灾难而解体,或因某些公共行为使他不能继续作为国家的成员。

§122 但是,遵守一个国家的法律,在法律之下平静地生活,并享受权利和保护,这并不能使一个人成为那个社会的一员。这只是未处于战争状态的人们来到属于其他政府的领土范围时,在法律效力所及的范围之内,应受到的地方保护和他们对政府应有的尊重。但这并不会使一个人成为那个社会的一员,成为那个国家的永久臣民,这就好比一个人为了方便而寄居在另一个人家中一段时间,但他并不从属于另一个人;他只要继续生活在那个国家,就必须遵守那个国家的法律并服从于政府。因此我们就可以明白,那些终生都生活在另一个国家并享受其权利和保护的外国人,尽管他们必须,或者凭良心说要像任何公民一样服从政府的管理,但他们并不能因此就成为这个国家的臣民或成员,除非通过正式约定或明确的承诺和契约真正加入这个国家,否则就不能使他成为其中一员。这就是我对有关政治社会的起源以及同意一个人成为国家一员的看法。

# 第九章　论政治社会和政府的目的

## 经典名句

◆ 社会权力或他们建立的立法机关的权力永远不能超出公共利益的范围；并且应防止出现上述使自然状态不安全、不稳定的三种缺陷，从而保护每个人的财产。

◆ 只有在对内执行法律，对外防止外敌侵害或索取赔偿以及保护社会免受外来侵犯和侵略时，才能运用共同体的强制力。所有这一切都不是为了其他目的，而是为了民众的和平、安全和公共利益。

托马斯·杰斐逊,美国第三任总统(1801—1809年在位),同时也是《美国独立宣言》主要起草人,美国开国元勋中最具影响力者之一,也是深受洛克思想影响的人。

**§ 123** 如果自然状态中的人如前文所说的那样自由，如果他是他自己和财产的绝对主人，与最显贵的人一样平等，不受任何人支配，那他为什么要放弃自己的自由呢？为什么愿意放弃这个王国，使自己受其他权力的支配和控制呢？显而易见，这个问题可以这样回答：尽管他在自然状态中享有这一权利，但是享有的这一权利很不稳定，时常受到他人的侵犯。因为别人和他一样，人人都是国王，人人平等，而且大部分人并不严格遵守公平和正义，他在这种状态下享有的财产并不安全，也没有保障。这就使他愿意放弃这种自由却充满恐惧和遍布危险的状态。因此，他这么做并非毫无道理，他放弃这种状态，愿意与已经联合起来或意欲联合起来的其他人一起加入一个社会，以保护他们的生命、自由和土地，这些我都统称为财产。

**§ 124** 因此，人们联合起来组成国家并置身于政府统治之下的主要目的和首要目的是保护他们的财产，而自然状态在这一方面存在诸多不足之处。

第一，在自然状态中缺乏一种正式、稳固且人所共知的法律，它能够为大家所一致同意而被接受和认可，成为评判他们之间是非曲直的标准以及裁判他们之间所有纠纷的共同尺度。虽然对于一切有理性的人而言,自然法浅显易懂,但是人们因为各自的利害关系而对自然法存有偏见,还因为他们对自然法缺乏研究而知之甚少,以至于在将自然法应用于各自的情况时,他们不愿意承认自然法是对他们具有约束力的法律。

§ 125 第二,在自然状态中缺少一位威名显赫的公正裁决者,他有权根据既定法律裁决一切争执。在自然状态中,每个人都是自然法的裁决者和执行者,而人们又会徇私,愤怒和仇恨很容易使他们走得太远,对自己的事情过于热心,而疏忽和冷漠又使他们对别人的事情敷衍塞责。

§ 126 第三,在自然状态中往往缺少权力作为正确判决的后盾和支持,从而使之得到应有的执行。凡受到不公正侵害的人,只要他们有能力,必定会用武力改变他们遭受的不公正。对于那些试图执行惩罚的人而言,这样的反抗经常会使惩罚变得危险,往往是具有毁灭性的。

§ 127 因此,尽管人类在自然状态中享有种种权利,但是当他们继续留在这种状态中时,却每况愈下,这很快就会迫使他们加入社会。于是乎我们很少看到有多少人会在这种状态中长期共同生活。每个人都有权力惩罚他人的犯罪行为,但权力的执行既不正规又不稳定,致使他们处于种种麻烦之中,这就促使他们寻求政府既定法律的庇佑,借此寻求保护他们的财产。正是因为如此,才促使他们每个人自愿放弃各自享有的惩罚权,将这种权力交由他们当中被指定的人单独行使;并且要依照共同体一致同意的规则,或他们为此目的而授权的那些人一致同意的规则来行使。在这里,我们讨论了立法权和行政权的原始权利和起源,这也是政府和社会本身的原始权利和起源。

§ 128 在自然状态中,一个人除了享有纯真快乐的自由之外,他还享有两种权力。

第一种权力是指为了保护自己和他人,在自然法允许的范围内,他可以做他认为合适的任何事情。根据适用于所有人的自然法,他和其他人类是一个共同体,他们共同组成了一个有别于其他一切上帝创造物的社会。若非那些堕落的人腐化恶毒,本无需另一个社会,也没有必要从这个庞大的自然共同体中脱离出来,并根据明文契约联合成较小而独立的组织。

一个人在自然状态中享有的第二种权力是惩罚违反自然法的犯罪。当他加入一个私人的——如果我可以这样称谓的话——或特定的政治社会,与其他人分离而加入其他任何一个国家时,他就放弃了这两种权力。

§ 129 他的第一种权力,即为了保护自己和他人,他可以做他认为合适的任何事情的权力,被他放弃,交由社会制定的法律来管理,从而保护他自己和社会要求保护的其他人。社会法律在很多方面限制了他依据自然法应享有的自由。

§ 130 第二种权力即惩罚的权力他也完全放弃了,并按照那个社会的法律要求,运用他的自然强制力(在这之前,他依靠自己的个人权威,在他认为合适的时候,用它来执行自然法)协助社会行使行政权。现在他处于一种新状态之中,他在这一社会中既可以从别人的劳动、帮助和交往中享受到诸多便利,又可以得到整个社会力量的保护。为了供养自己,他也应该根据社会利益、繁荣和安全的需要,放弃自己的诸多自然权利。这不仅是必要的,而且也是公平的,因为社会的其他成员也是这么做的。

§131 人们在加入社会时,尽管他们放弃了在自然状态中享有的平等、自由和执行权,将它们交给了社会,由立法机关根据社会利益的需要予以处理,但这只是为了更好地保护每个人自身及其自由和财产(没有人会认为,任何有理性的上帝创造物改变自己的现状是为了生活得更糟);社会权力或他们建立的立法机关的权力永远不能超出公共利益的范围;并且应防止出现上述使自然状态不安全、不稳定的三种缺陷,从而保护每个人的财产。因此,无论谁掌握了国家的立法权或最高权力,他必须依据长期有效的正式法律进行统治,向民众公布并为他们所共知,而不是依据临时命令进行统治;并应由公正无私的裁决者根据这些法律来裁决纠纷。只有在对内执行法律,对外防止外敌侵害或索取赔偿以及保护社会免受外来侵犯和侵略时,才能运用共同体的强制力。所有这一切都不是为了其他目的,而是为了民众的和平、安全和公共利益。

# 第十章 论国家的形式

## 经典名句

◆ 政府形式取决于最高权力的归属,即立法权的归属;设想下级权力规定上级权力,或由最高权力之外的任何权力制定法律是不可能的,因此制定法律权力的归属决定了国家的形式。

◆ "国家"(commonwealth)应理解为拉丁人用"城邦"(civitas)一词所表示的任何独立共同体,而不是民主政体或其他任何政府形式。

古雅典是古希腊的一个城邦,在古希腊文明中扮演重要的角色,发展出人类最早的民主政治体制。

**§ 132** 正如前文所述，当人们最初组建成社会时，大多数人自然享有共同体的全部权力，他们随时可以运用一切权力为共同体制定法律，并通过由他们自己委任的官员执行这些法律，因此这种政府形式就是完善的民主政体；或将制定法律的权力交给选举出来的少数人和他们的继承人或继任者，这是寡头政体；或将这种权力只交给一个人，这是君主政体；如果将权力交给他和他的继承人，这是世袭君主制；如果只将权力交给他终身使用，在他死后，推选继任者的权力仍归大多数人所有，这是选举君主政体。因此，共同体可以参照这些政府形式，建立他们认为适当的复合式或混合式政府形式。如果大多数人最初将立法权交给一个人或几个人，让他们在有生之年或有限的时间内享有，然后再将最高权力收归到多数人手中，那么在收归权力时，共同体就可以将权力再次交给令他们满意的人，从而组成一个新的政府形式。政府形式取决于最高权力的归属，即立法权的归属；设想下级权力规定上级权力，或由最高权力之外的任何权力制定法律是不可能的，因此制定法律权力的归属决定了国家的形式。

詹姆士一世（1394—1437），15世纪苏格兰王国的君主。年幼时因宫廷斗争出行避难，在途中被英格兰俘获，被关押达18年之久，但在名义上一直是苏格兰的君主。后苏格兰将其从英格兰赎出，詹姆士才得以重返苏格兰掌权。掌权后他试图限制苏格兰贵族的权力，扩大王权，效仿英格兰改造苏格兰政治，他的改革措施遭到了很多贵族的反对，后来被反叛者刺杀。

133 "国家"（commonwealth）一词在本文中的意思前后一致，应理解为拉丁人用"城邦"（civitas）一词所表示的任何独立共同体，而不是民主政体或其他任何政府形式。在我们的语言中，与"城邦"一词的意思最相近的是"国家"一词，它最贴切地表达了这样一种人类社会，而英语中的"共同体"（community）和"城市"（city）两个词却不合适，因为政府之中可能有多个附属共同体，而我们语言中的"城市"一词与"国家"的含义截然不同，因此为了避免引起歧义，请允许我在这种意义上使用"国家"一词。我发现詹姆士一世国王曾经在这个意义上使用过这个词，我认为这才是这个词的真正含义。如果有人不喜欢这个词，想用一个更好的词代替，对此我没有异议。

# 第十一章　论立法权的范围

## 经典名句

◆ 人们加入社会的主要目的是为了能够和平安全地享用他们的财产，而实现这一目的的主要手段和方式是社会制定的法律。

◆ 不管将立法权交给一个人还是多个人，也不管它是长期存在还是偶尔出现，它都是每个国家的最高权力。

◆ 绝对专制权力，或不根据稳定不变的法律进行统治，均与社会和政府的目的不相符。

法国国王路易十四(1638—1715年),自称"太阳王",被称为"专制统治最完美的化身"。

**§134** 人们加入社会的主要目的是为了能够和平安全地享用他们的财产,而实现这一目的的主要手段和方式是社会制定的法律,因此确立立法权就是所有国家最初最基本的实在法,它就像可以支配立法权本身的最初最基本的自然法一样,它的目的是保护社会(在与公共利益一致的范围内)及其每一位成员。立法权不仅仅是国家的最高权力,而且一旦共同体将权力交给某个人,那么它就变得神圣而不可改变。如果未得到由公众选举和任命的立法机关批准,任何人的任何法令,无论是何种形式,也不管以什么权力做后盾,都不具备法律效力和强制性。若非如此,法律就无法获得社会同意,而社会同意是法律之所以成为法律的必备条件,除非获得他们的同意或得到他们的授权,否则任何人都没有制定法律的权力①;因此,作为最严肃的限制,任何人都必须

---

① 通过制定法律支配整个人类政治社会的合法权力,完全属于同一个完整的社会。不管是世界上哪一个君主或哪一类统治者,如果他按照自己的意志行事,而不是根据上帝直接亲自明确的委托,或依据来自于那些被法律强加于身上的人们的最初同意而产生的权威,那简直就是纯粹的暴政。因此,未经公众同意而制定的法律就不是法律。胡克:《宗教政治》第1卷第10节。

因此,关于这一点我们要注意,因为人们并非自然就享有充分完善的支配全体政治民众的权力,因而要是没有我们的完全同意,我们就不能在别人的这种支配之下生活。如果我们作为社会的一部分曾同意这种统治,而后来又没有通过同样的一致同意撤销以前的同意,那就表明我们同意。因此,无论是哪种人类法律,基于同意才能生效。出处同上。

服从，这最终归结于最高权力，并受其所制定的法律指导。立法机关依照社会成员的委托行事，任何外国势力或国内下级权力机关做出的任何承诺，都无法解除社会成员对立法机关的服从，也不能强迫他的服从与制定的法律相悖或超出法律允许范围。设想一下，强迫一个人服从社会中根本不是最高权力的任何权力，是荒谬可笑的。

§ 135 不管将立法权交给一个人还是多个人，也不管它是长期存在还是偶尔出现，它都是每个国家的最高权力。

第一，对于民众的生命和财产，立法权不是也不可能绝对专制。立法权是每个社会成员让渡给作为立法者的个人或立法机构的一种共同权力，因此这一权力不能超过那些人在加入社会之前处于自然状态时享有的、后来让渡给共同体的权力。因为任何人都无法将自身多享有的权力转让出去；任何人对自己和别人都不享有绝对专制的权力，他无权毁灭自己的生命，无权剥夺别人的生命或财产。正如前文已经证明的，一个人不会将自己置于另一个人的绝对权力之下；在自然状态中，不存在支配他人生命、自由和财产的专制权力，而只享有自然法赋予他保护自己和其他人的权力。这种权力正是他在加入社会时交给国家的全部权力，国家转而把这种权力交给了立法机关，因此立法机关享有的权力不能超出此范围。它们的权力在最大范围内以社会公共利益为限度。这种权力的唯一目的是保护，所以它不享有毁灭、奴役或故意使臣民陷于贫困的权利。① 自然法规定的义务不但在社会中没有消失,反而在许多情况下规定得更加精细了,并由人类法律附以人所共知的惩罚来强制人们遵守。因此,自然法是所有人——立法者和其他人——的永恒法则。为规范其他人的行为而制定的法则以及他们自己和其他人的行为必须符合自然法,即上帝的意志,自然法就是上帝意志的宣示。自然法的基本原则是保护人类,凡是与之相违背的惩罚都不是正确或有效的。

§ 136 第二,立法机关或最高权力机关不能依据临时专制命令僭取统治权,而必须根据已颁布的长期有效的法律②,由人所共知且经授权的裁决者执行法律裁决和判决臣民的权利。自然法不是成文法,因此它只存在于人们的意识之中。如果未设立裁决

---

① 支撑公共社会的基础有两个:一个是自然倾向,即所有人都向往社会生活和交往的自然倾向;另一个是一种秩序,即他们明确同意或默认融入共同生活的联合方式。我们将后者称为国家法律,它是一个政治实体的灵魂,法律为各个部分赋予生命,使其结合在一起,并促使国家根据公共利益的要求采取行动。国家法律是为维持人们之间的外部秩序和统治而颁布的命令,永远不会按照它们应然的样子制定,除非假设人的意志在本质上固执、叛逆以及不顺从其本性的神圣法则。总之,除非假设人类的卑鄙思想与禽兽无异,并对此做出相应规定,从而规范其外在行为,使他们无碍于公共利益的实现,而公共利益是组成社会的目的。如果法律做不到这一点,就是不完善的。胡克:《宗教政治》第 1 卷第 10 节。

② 人定法(humane laws)是指导人类行为的尺度,而这一尺度本身还要接受更高法则的指导,这样的法则有两个,即上帝律法和自然法。因此人类律法必须根据通用的自然法制定,而且不得与《圣经》中的任何实在法相抵触,否则这些法律就是恶法。胡克:《宗教政治》第 3 卷第 9 节。

强迫人们做任何不合时宜的事情都是不合理的。胡克:《宗教政治》第 1 卷第 10 节。

者,人们就会在感情和利益的驱使下错误地引用或运用它,因而很难意识到自己所犯的错误。如此一来,自然法便无法发挥其应有的作用,无法裁决生活在自然法之下的人们的权利,无法保护他们的财产;尤其是每个人既是自然法和他自己案件的裁决者和解释者,又是执行者的情况下,更是如此。正义的一方通常只能依靠自己的力量,而没有充分的力量保护自己免受侵害或惩罚罪犯。为了避免人们处于自然状态的财产受扰乱而产生的种种麻烦,人们联合组成社会,借助全社会的联合力量保护和捍卫他们的财产,并用长期有效的规则加以约束,从而使每个人知道什么东西是自己的。为此目的,人们才放弃他们所有的自然权力而交给他们所加入的社会,而共同体又将立法权交由他们认为合适的人手中,通过这种委托,使他们受到已正式公布法律的统治,否则他们的和平、安宁和财产仍像在自然状态一样不稳定。

§ 137 绝对专制权力,或不根据稳定不变的法律进行统治,均与社会和政府的目的不相符。如果人们不是为了保护他们的生命、自由和财产,如果没有规定权利和财产的规则捍卫他们的和平和安宁,他们就不会放弃自然状态的自由,而将自己置于社会和政府的约束之下。我们难以想象,他们会有意将支配人身和财产的绝对专制权力交给一个人或多个人,并赋予官员权力,任由他们专横地将自己毫无限制的意志施加于这些人身上。他们这是将自己置于了比处于自然状态更差的境地,而他们在自然状态中尚有保护自己权利而免受他人伤害的自由,不管侵害他的是一个人还是联合起来的很多人,他们可以在同等条件下使用武力维护这一自由。然而,假如他们将自己托付给一个具有绝对专制权力和意志的立法者,那么他们就解除了自己的武装,武装了立法者,并使自己任其宰割。与面对10万个享有专制权力的个人而所处的境地相比,他面对一个享有能支配10万人绝对专制权力的人的处境更加悲惨。对于一个享有支配权要比其他人强大10万倍的人,没有人能够保证其意志会比其他人好。因此,无论国家采取什么样的形式,统治权应依据正式公布且获得承认的法律进行统治,而非依据临时命令和未确定的决议。如果人们用民众的共同权力武装一个人或少数人,而这些人经常会突发奇想,或其意志毫无限制,人们始终不知晓其目的,且并没有制定任何指导和规范其行为的措施,那么强迫人们服从他们随意制定的法令,而这类法令又不在法律范围之内,就会使人类处于远比自然状态更差的境地。政府拥有的一切权力只能为社会谋福利,它不应专制而随意地行使权力,而应该依据已制定并公布的法律行使。这样一来,一方面,民众能够知道自己的职责所在,并在法律范围内获得安全和保障;另一方面,统治者也被限制在适当的范围内,不会被他们手中的权力所诱惑,不会为实现此目的而以此为手段行使权力,因为这是他们本来不知道也不愿承认的。

§138 第三,未经本人同意,最高权力不能剥夺任何人的任何财产。保护财产是政府的目的,也是人们加入社会的目的,这就必然假定并要求民众享有财产,如果他们没有财产,那必定会被认为是加入社会使他们丧失了财产,但他们加入社会的目的是为了保护财产。任何人都不会承认这种公然的谬论。因此,在社会中享有财产的人依据他们所在共同体的法律对财物享有如下权利，即未经他们本人同意，任何人没有权利占有他的财物或其中任何一部分；若非如此，他们根本就没有任何财产。如果未经我同意，另一个人就有权利擅自拿走我的东西，那么我就真的毫无财产权可言。因此，认为任何国家的最高权力或立法权可以为所欲为，可以专断地处理人们的财产，或肆意剥夺其中任何一部分财产，这样的想法是错误的。如果政府的全部或部分立法权属于可以改选的议会，在议会解散时，议会成员与其他人一样，也服从这个国家的习惯法，这样我们就不必担心了。但是，如果政府的立法权属于一个长期存在的议会，或如同在君主专制政体中一样归一人所有，那么危险依然存在，他们会认为自己的利益与共同体其他成员的利益截然不同，进而会肆意从民众那里剥夺他们合意的东西来增加自己的财富和权力。如果一个可以支配臣民的人有权力剥夺任何私人财产中他所垂涎的那部分，并可以肆意使用或处置，那么即使在他与臣民之间存在良好而公正的法律来设定彼此之间的界限，一个人的财产还是毫无保障。

§139 正如我在前文中提到的，人可以享有和保护他们的财产，不管将统治权交到谁手中，他们也是以此条件和为此目的接受委托的。即使君主或立法机关有权力制定法律管理臣民之间的财产，但是未经他们同意，他们永远没有权力将臣民的全部或部分财产据为己有。若非如此，人们实际上根本就不能享有财产。不妨让我们看一下，即使绝对权力是必要的，那也不能因为它的绝对而变得专制，它仍受"在一些情况下需要绝对权力"这个原因的限制，并受其目的的约束。我们只要看一下军队纪律的一般情况就知道了。军队的保护以及军队保护下的整个国家要求每个人绝对服从上级军官的命令，如果违反或抗拒最危险或不合理的命令，理应处死。但是我们看到，军士可以命令一个士兵冲向炮口，或命令他坚守被攻破的防线，在这种情况下士兵必死无疑，但是军士无权向士兵索要一便士。同样，对于擅离职守或不服从最绝望命令的士兵，将军有权判处其死刑，但是他不能凭借其决定生死的绝对权力处置士兵任何一毫一厘的财产，也不能占有士兵的任何一丁点财物。尽管他能够命令一切，士兵稍不服从即可处死，那也不能这么做。这是因为，对于司令官享有权力的目的，即保护其他人而言，这种盲目的服从是必要的，但是这与处置他的财物无关。

§ 140 诚然，如果没有巨额经费，政府就难以为继，因此每个享受政府保护的人应该从他的财产中抽出一部分来维持政府，这样做是天经地义的。然而这必须经他本人的同意，即他们自己或由他们选出的代表所表示的多数人的同意。如果有人凭借自己的权势，声称自己有权在未经民众同意的情况下向民众征税，那么他就违反了财产法的基本原则，违背了政府的目的。如果别人有权随意剥夺我的财产，那么我还享有什么财产呢？

§ 141 第四，立法机关不能将制定法律的权力让渡给其他人。因为这种权力是民众授予的，所以享有这一权力的人不能将它交给其他人。只有民众才能通过组建立法机关和任命立法人员来确定国家形式。当民众说"我们愿意服从规定并服从这些人制定的此种形式的法律统治"时，没有人可以说其他人也可以为他们制定法律。民众不受任何其他法律约束，而只受由他们选出并被授权制定法律的人所制定的法律约束。立法机关的权力源自民众明确自愿的授予和建立，它仅限于明确授予所表达的范围，即只能够制定法律，而不能任命立法者，因此立法机关无权让渡制定法律的权力以及将权力转交给其他人。

**§142** 以下几点就是关于社会授予的委托以及上帝法和自然法对每个国家各种形式的政府立法权所做的限制。

第一，它们应依据颁布的正式法律进行统治。这些法律并不会因为特殊情况而变化，不论贫富，不论宫廷权贵还是乡野村夫，一律一视同仁。

第二，这些法律的终极目的是为民众谋福利，而没有其他目的。

第三，未经民众自己或其代表同意，不能对民众的财产征税。这可能只与以下政府形式有关，即立法机关长期存在，或民众并未为他们选举出来的代表们预留任何立法权的政府。

第四，立法机关不应该也不能将制定法律的权力让渡给其他人，或将权力置于并非民众要求安排的地方。

# 第十二章 论国家的立法权、执行权和外交权

## 经典名句

◆ 如果是同一批人既有制定法律的权力,手中又有执行这些法律的权力,这会对人性的弱点构成极大的诱惑。

◆ 虽然外交权行使的好坏会对国家产生重大影响,但与执行权相比,它从先前长期有效的实在法获得的指导要少得多,所以必须依靠掌握权力的人审慎而明智地为实现公共利益而行使权力。

权力导致腐败,绝对权力导致绝对腐败。
——阿克顿(1834—1902)

§ 143 立法权是指导国家如何运用强制力保护共同体及其成员的一种权力。因为制定这些需要持续执行并永远具有强制力的法律只需用很短的时间,而既然立法机关并不是一直有事可做,那么它也就没有必要一直存在下去了。如果是同一批人既有制定法律的权力,手中又有执行这些法律的权力,这会对人性的弱点构成极大的诱惑,使他们攫取权力,从而他们会使自己免于遵守自己制定的法律,并在制定和执行法律时使法律与他们自己的私人利益相一致,这样他们就逐渐享有了与共同体其他成员不同的特殊利益,而这是与社会和政府目的相违背的。因此,在组织完善的国家中,全体民众的利益受到特别的尊重,正如它理所当然一样。立法权掌握在不同的人手中,他们按时开会,他们享有自己或与其他人联合制定法律的权力。在法律制定完毕之时,他们会再度解散,也必须服从他们自己所制定的法律。这种方式对他们而言是一种新颖而切身的束缚,从而使他们关注公共利益。

§ 144 因为这些在短时间内一次制定出来的法律具有长期持久的效力,需要有人对此长期执行或关注,所以需要一个长期存在的权力负责执行制定的法律并保持其效力。因此立法权和执行权通常是分立的。

§ 145 每个国家还有另一种权力,可以称之为自然权力,因为它与每个人在加入社会之前自然享有的权力相似。一个国家的成员相对于彼此而言是不同的个人,并以这种身份受社会法律的统治;但是相对于其他人而言,他们构成了一个整体,就像社会的每个成员在加入社会之前一样,他们与其他人仍处于自然状态之中。因此,若是这个社会中的人与社会之外的人产生争执,应由公众来解决;如果他们之中的一员受到了伤害,则全体成员负有要求赔偿的责任。因此,基于这方面考虑,就其他所有状态或共同体之外的人而言,整个共同体是一个处于自然状态的整体。

§ 146 因此,包括战争与媾和、联合与结盟以及与所有本国之外的人们和共同体达成和解协议的权力,如果人们愿意,可以称之为外交权。只要能理解这件事,我不介意它的名称是什么。

§ 147 虽然执行权和外交权是两种截然不同的权力,一个权力可以理解为对社会内部的所有成员执行国内法的权力,另一个权力是管理涉外公共安全和公共利益的权力,包括一切可以获得或受到损害的利益,但是这两种权力几乎总是连成一体的。虽然外交权行使的好坏会对国家产生重大影响,但与执行权相比,它从先前长期有效的实在法获得的指导要少得多,所以必须依靠掌握权力的人审慎而明智地为实现公共利益而行使权力。涉及臣民之间彼此关系的法律是用来指导其行为的,这些法律可以预先制定。至于对外国人应该怎么做,这在很大程度上取决于外国人的行为及其目的和利益的变化,因此必须将大部分权力交由那些有权判决他们的人,由他们审慎处理,依靠自己最娴熟的技巧实现国家利益。

§ 148 正如我所言,虽然每个共同体的执行权和外交权本身确实差异明显,但是很难将二者分离开来,同时交给不同的人掌管。因为这两种权力的行使都需要社会强制力的支持,所以将国家强制力交由不同且互不隶属的人去执行是不切实际的。如果将执行权和外交权交给各自为政的人,那么公众的强制力就处于不同的支配之下,这迟早会引发混乱并导致灭亡。

# 第十三章　论国家权力的归属

## 经典名句

◆ 立法权只是一种为了实现某种目的而受委托的权力。当民众发现立法机关的行为与他们的委托相违背时,民众仍然享有撤销或变更立法机关的最高权力。

◆ 未经授权而对民众使用强制力,与民众对他的委托相违背,这样做是与民众为敌,而民众有权利行使他们的权力恢复立法机关。

◆ 人民的福祉是最高的法律,这确实是一条公正而根本的准则,凡是忠实遵守这一准则的人,都不会犯下太大的错误。

◆ 公正平等的代议制是民众的利益所在,也是民众的目的所在;不管是谁,只要能使这一制度与此目的最相近,那么他就是政府的真正朋友和创建者,就会获得社会的同意和认可。

人民的福祉是最高的法律。

——西塞罗(公元前106—前43)

**§ 149** 基于自身基础并根据自身性质（即为了保护共同体）而建立的国家只存在一个最高权力，这就是立法权，其他权力都从属于立法权，而且必须从属于它。然而，立法权只是一种为了实现某种目的而受委托的权力。当民众发现立法机关的行为与他们的委托相违背时，民众仍然享有撤销或变更立法机关的最高权力。受委托的一切权力都是为了实现某种目的，它应该受到这种目的的限制。每当这种目的遭受明显忽视或反对时，委托必然会被剥夺，权力被移交给委托人，他们可以重新将权力委托给他们认为最有利于自己安全和保障的人。因此，共同体始终保有最高权力，使自己免受任何人甚至是他们的立法者的攻击和谋害，这些人有时会如此愚蠢和恶毒，他们会谋划并实施不利于臣民自由和财产的图谋。任何人或任何人类社会都无权将保护他们或与此相应的保护手段交给另一个奉行绝对意志和专制统治的人。无论何时，如果有人想将他们置于这种奴役状态，他们永远都有权利保护自己无权放弃的东西，并使自己摆脱那些侵犯这一根本的、神圣而不可更改的自我保护原则的人，因为人们正是寻求自我保护才加入社会的。因此，从这方面而言，共同体永远享有最高权力，但我们不能认为任何政府形式都如此，因为民众的这一权力在政府解体时才能体现出来。

**§150** 在所有情形中,只要政府还存在,立法权就是最高权力。一个人能够为另一个人制定法律,那么他在地位上必须比另一个人高。既然立法机关就是社会的立法机关,那么它就有权利为社会各部分及每个成员制定法律,规定其行为准则,并在法律受到侵犯时授予执行权,因此立法权必须至高无上,而社会的任何成员或任何部分所享有的其他一切权力都源自它或从属它。

**§151** 在一些立法机关并非常设机构的国家中,执行权被授予单个的人,他在立法机关中也占有一席之地。从某种可接受的意义上来说,这个单个的人也可以被称为是至高无上的,这并不是因为他自身享有一切制定法律的最高权力,而是因为他享有最高执行权,所有下级官员从他那里获得所有或至少大部分从属性权力;没有立法机关凌驾于他之上,也没有未经其同意而制定的法律,也不用期望他会屈从于立法机关的其他部分,从这个意义上而言,他确实是至高无上的。但仍需注意的是,尽管人们向他宣誓和效忠,但并非将其当作最高立法者,而是当作法律的最高执行者,这些法律则是他和别人通过联合权力制定的。至于效忠,仅仅是遵守法律,当他违反法律时,便没有权利要求别人遵守,而只有被授予法律权力的公众人物可以要求别人遵守。因此他被视为国家的象征、化身或代表,根据国家法律宣示的意志行事。因此他没有自己的意志,没有自己的权力,而有的是法律的意志和权力。但是,如果他放弃代表的身份和公共意志,依据自己的私人意志行事,那他就是自贬身份,变成了一个没有权力和意志的普通人,并且没有权利要求别人遵守法律。因为社会成员只有服从社会公共意志的义务。

§152 如果将执行权不授予也参与立法的人而是授予其他人,那么很显然,执行权隶属于立法机关并对其负责,并且还可以随时变更或撤换。因此,并非最高执行权可以免除对立法权的服从,而是在将最高行政权授予参与立法的人之后,最高行政权并没有明显的立法机关可以服从或对其负责,而这超越了他自己加入并同意的立法机关。因此,只有在他自己认为合适时才会从属于他人,但是可以断定,这种情况几乎不会出现。我们没有必要再讨论国家的行政性权力和从属性权力,因为它们因各国习俗和政体的不同而复杂多样,因此无法对它们进行详尽的分析。因此,我们只关注与我们的讨论目的相关的必要部分就足够了,即除了明确授予和委任的权力之外,根本没有其他任何权力,并且所有这些权力要对国家的其他一些权力负责。

§153 立法机关长期存在是没有必要的,而且也不方便,但是执行权长期存在是绝对必要的,因为没有必要总是制定新法律,但是永远需要执行已制定的法律。当立法机关将执行他们所制定的法律的权力交给其他人之后,如果发现出现问题,有权从他们手中收回权力,也有权惩罚任何违反法律的行政失当行为。对外交权而言也是如此,它和执行权均为立法权的行政权力和从属权力,正如前文所表明的,立法权是一个合法国家的最高权力。在这种情况下,立法机关被认为由多人组成(如果立法机关只有一个人,那么它必须长期存在,而且它作为最高权力,自然而然就同时享有了立法权和最高执行权),他们根据最初的章程或休会时指定的时间召集会议,又或在他们认为合适的时间,即如果前两者并未指定任何时间或者并未规定其他召集方式时召集会议,行使他们的立法权。既然最高权力是民众授予他们的,他们就永远享有,并在他们认为合适时行使这一权力,除非根据最初的章程只能在一定时期内召集会议,或根据最高权力的法令休会到某一时间,等休会结束后才有权利再次召集会议并制定法律。

§154 如果立法机关或它的任何组成部分是由民众选举出来并由有一定任期的代表组成,在任期结束后,他们重新恢复普通公民的状态,除非再次当选,否则不能再享有立法权,这里的选举权也必须在民众指定的时间内或在他们被召集时行使。在后一种情况中,召集立法机关的权力通常属于执行机关,但会议时间受到以下两项之一限制:一是最初的章程规定立法机关每隔一段时间就举行集会和制定法律,那么执行权就只能发布行政性命令,要求根据约定的形式进行选举和集会;二是当出现以下情形或紧急情况时,即公众要求修订旧法律或制定新法律,或在此基础之上纠正和预防法律的任何不合时宜之处或对民众造成的威胁时,可以由执行机关审慎决定是否通过新的选举来召集会议。

§155 有人在这里会问,执行权掌握着国家强制力,当最初的章程或公共紧急情况要求立法机关召开会议或制定法律时,如果执行机关利用掌握的强制力予以阻碍,那会怎么样?我的回答是,未经授权而对民众使用强制力,与民众对他的委托相违背,这样做是与民众为敌,而民众有权利行使他们的权力来恢复立法机关。民众设立立法机关的目的就是在特定的时间或需要时行使制定法律的权力。当社会需要而他们却受到强制力的阻碍时，这关系到民众的安全和保护，因此民众有权利使用强制力清除它。在任何情况和条件下，对未经授权的强制力进行补救的真正方法是以强制强。如果未经授权而使用强制力，终究会使运用它的人处于战争状态，从而变成侵略者，因此必须用对付侵略者的方法对付他。

§156 虽然执行机关被赋予了召开和解散立法机关的权力，但是这并不能使执行机关凌驾于立法机关之上。人类事务具有不确定性和变动性，无法适用一条固定不变的规则，在这种情况下，这只是为了民众安全而赋予行政机关的一种委托。政府创建者不可能有先见之明，完全预料到未来事件，因而也就无法为未来很长一段时期内立法机关会议的选举及会议的持续时间预先做出合适的规定，使之恰好适合国家一切紧急情况的需要。弥补这一缺陷的最好补救方法就是将这种权力委托给一个审慎的人，由他长期负责并以此为己任照管公共利益。立法机关持续频繁的会议和在没有必要情况下举行的无休止集会，不仅对民众而言是一种沉重的负担，还会给这个社会带来危险的麻烦，而事情的急剧变化又可能使人们需要立法机关的及时帮助。延期召集会议可能会给公众带来危害，有时候立法机关的任务过于繁重，相对于他们的工作而言，有限的会议时间太短，结果使公众丧失了本该深思熟虑才能获得的利益。这种情况下，在立法机关召集会议和制定法律的固定间隔和期限内，为了防止共同体遭受各种各样随时可能出现的危险,将立法权委托给长期任职并谙熟公共事务的人,由他们来审慎地决定,从而利用这一特权实现公共利益,除此之外,还能怎么办呢?如果不将这一权力授予为实现同一目的而执行法律的人,那将权力交给谁才更好呢?因此,如果最初的章程并未规定立法机关集会和开会的时间,那么自然就会由执行机关承担,但这并不是一种随心所欲的专断能力,而是必须根据时局变化和事态发展的要求,只能为了公共利益才能通过委托行使权力。不管会议是在固定时间召开还是由君主自由决定立法机关召集会议,抑或是两种方式混用,至于哪种出席方式造成的弊端最少,我并不想对此展开讨论。我只想说明,尽管执行权有召开和解散立法机关会议的这种特权,但是这并不能使它凌驾于立法机关之上。

§ 157 世间万物总处在不断的变化之中,任何事物都不会长期处于同一状态,因此民众、财富、贸易和权力也在不断地变化。繁荣强盛的都市会走向衰败,随岁月流逝而终将沦为人迹罕至的荒凉角落,而其他荒僻的地方则会发展为人口稠密的国家,财货富足,居民众多。但是事情并不总是如此均衡地变化,习俗和特权虽然已经失去存在的理由,但是个人利益常常会将它们保留下来。这往往会在政府中发生,立法机关由民众选举出来的代表组成,时光荏苒,这种代议制会变得与最初建立它的初衷非常不符也不相称。沿袭的风俗若失去了存在的理由,那就会造成多么巨大的荒谬。我们看看仅剩下名字的城镇就能找到满意的答案,那里留下来的只有残垣断壁,仅有的房屋也只是零星散落的羊圈,所有居民也只不过是寥寥可数的几个牧羊人而已,但这些城镇仍然与人口富足、富裕强盛的郡县一样,选举同样多的代表参加立法者大会。外国人对此瞠目结舌,每个人都承认这种做法需要纠正。但大多数人认为很难找到一个方法改变,因为立法机关的组织章程是社会的最初法令也是最高法令,先于社会中的一切实在法而存在,它完全依赖于民众,任何下级权力都无法改变它。因此,立法机关一旦建立,只要政府存在,民众在前面所提到的那种政府中就没有制定法律的权力,而且人们认为这种弊端是无法补救的。

§158 "人民的福祉是最高的法律",这确实是一条公正而根本的准则,凡是忠实遵守这一准则的人,都不会犯下太大的错误。因此,如果有权召集立法机关集会的执行机关遵守代表的真正比例而不是只重形式,就应根据真正的理性而非陈规旧习规定各地明显有权出席会议的代表人数,并非任何什么人组合起来就能够自称有参加会议的这种权利,而是要与其对公众的贡献相称。我们不能由此就断定是建立了一个新的立法机关,而只是恢复了原有的真正立法机关,并且纠正了因时间推移而不知不觉也是不可避免产生的一些混乱。公正平等的代议制是民众的利益所在,也是民众的目的所在;不管是谁,只要能使这一制度与此目的最相近,那么他就是政府的真正朋友和创建者,就会获得社会的同意和认可。君主特权只不过是君主掌握在手中为公众谋利益的一种权力,在一些情况下会出现无法预见和变幻无常的事件,固定而不可变更的法律无法为其提供可靠的指导,此时不论做什么,只要明显是为了民众的利益，并将政府建立在其真正的基础之上，那么这种权力将永远是一种正当的特权。设立新选区并分配新代表的权力是基于以下假设，即分配代表名额的制度迟早会发生变化，以前没有代表选举权的地方可以获得这一正当权利，出于同样的原因，以前享有的也可能丧失这一权利，并且已无必要再考虑这一基本权利。对政府造成侵害并非是因为出现的贪污腐败引起了现状变化，而是因为政府有意摧残和压迫民众，并扶植一小撮人或一个政党，使其有别于其他人，并使其他人不平等地服从。无论做什么，凡是被认为对社会和普通民众有益的公正而长久的做法，只要做了，总会被证明是正当的。不论何时，民众按照公正而真正平等的办法选举他们的代表，并且这种办法适用于政府的最初架构，那么毫无疑问，这就是社会的意志和法律，而不论是谁允许或驱使他们这样做。

# 第十四章　论特权①

## 经典名句

◆ 当权力用以谋求共同体的利益，并符合政府的委托及其目的时，就是真正的特权，它不会受到任何质疑，因为民众很少或从来不会在这一点上过分苛求或斤斤计较。

◆ 特权只不过是在缺失规则的情况下，用以谋求公共利益的权力。

◆ 人们不能放弃这种裁决权，因为人没有权力使自己受制于别人，并赋予别人毁灭自己的自由。

---

① "Prerogative"一词可以指依据职位而获得的特权，也指英国的君主特权。本章中根据实际需要译为"特权"或"君主特权"。英国的君主特权是特有的权力、特权和豁免权的组合体，只在一些如英国那样由君主统治的国家中被承认。它是政府行政权力的一种执行手段，由君主拥有并被赋予君主。君主特权由大臣在没有国会的许可下直接行使，一些特权名义上由君主行使，但实际在首相和内阁的建议下行使。——译者

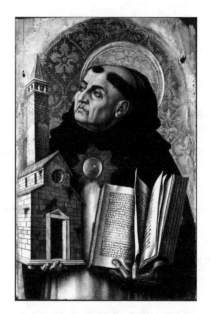

托马斯·阿奎那(约 1225—1274)认为君主政体是人类社会最好的政体。

**§ 159** 如果立法权和执行权分别由不同的人掌握(正如稳健的君主政体和组织完备的政府一样),出于社会利益的需要,许多事务应交由那些掌握行政权的人自由裁量。立法者无法预见所有对共同体有益的事情并用法律加以规定,那么在许多国内法并未做出规定的情况下,在立法机关方便集会并做出规定之前,掌握执行权的法律执行者可以基于一般自然法享有使用这一权力谋取社会利益的权利。法律对许多事务是无法规定的,这些事务必须交给那些掌握行政权的人自由裁量,由他根据公共利益的要求来处理。在一些情形下,法律本身让位于执行权,或者说让位于基本的自然法和政府法律是恰当的,也就是说,应该最大限度地保护社会的所有成员。由于会发生许多突发事件,所以严格死板地遵守法律可能会造成伤害(比如邻近的房子失火,却不去拆掉无辜者的房屋以阻止火势蔓延)。由于法律对所有人不加区分,因此本来值得嘉奖和宽恕的行为有时会受到法律的制裁。在许多情况下,统治者应该享有减轻法律严酷性和赦免罪犯的权力,这样是恰当的。因为政府的目的是尽可能地保护所有人,只要证明他不会对无辜者造成伤害,即使有罪的人也可以得到宽恕。

**§160** 为了公共利益而自由裁量行事的权力,无法律依据甚至违背法律,这种权力被称为特权。在一些政府中,立法权并不是一直存在的,它往往过于复杂而且过于拖沓,无法满足执行所需的快速要求。由于它也不可能预见一切与公众相关的突发事件或紧急情况,因此也就无法对其做出规定;或者制定出这样的法律,如果对所有情况和所有人严苛地执行法律,毫无变通可言,按照法律应有的方式行事,那也难保不会造成伤害。因此,应为执行权保留回旋的余地,在法律未做出规定时由其自行选择。

**§161** 当权力用以谋求共同体的利益,并符合政府的委托及其目的时,就是真正的特权,它不会受到任何质疑,因为民众很少或从来不会在这一点上过分苛求或斤斤计较。只要在可忍受的程度内运用这一权力实现其目的,即为民众谋求利益,而不是明显违背这一目的,他们就不会对特权进行审查。但是,当执行权和民众就某件事情是否属于特权而发生分歧时,只要看看执行这一特权对民众有利还是有害就很容易解决这一问题。

**§162** 不难想象,在政府创立之初,当国家在人口数量上与家族差异不大时,它们在法律数量上也差别不大。统治者作为一家之主,为了他们的利益而照管他们,统治几乎完全依赖特权。许多正式法律是适用的,而统治者的自由裁量和关爱则弥补了其他法律的不足。但是,如果孱弱的君主因为过错或听信谗言,只为自己的私人目的而非公共利益滥用权力,那么民众就不得不用明确的法律规定那些他们认为不利于自己的特权,因此民众发现在一些情形下对特权进行明确限制是必要的。这些特权是他们及其祖先留给君主们的最大限度的权力，从而使君主们凭其智慧正当使用它，即为民众谋利益。

§ 163 因此，对政府有一种错误的看法，有人说，当民众通过实在法限制特权的任何一部分时，就是对君主特权的侵害。但是，民众这样做并未剥夺属于君主的任何权利，而只是公开宣布：他们无限期地赋予他或他祖先权力，是用来为民众谋利益，而当他用于其他方面时，就不是他们这样做的本意了。既然政府的目的是为共同体谋利益，那么为实现这一目进行的任何变革不会侵犯任何人，因为政府中任何人都没有权利追求其他目的。只有那些损害或妨碍公众利益的变革才是侵犯。那些持相反意见的人认为，君主与共同体的利益截然不同且相互独立，君主的利益不在于为共同体谋利益，这就是君主政府中出现所有罪恶和混乱的渊薮。实际上，如果真如他们所言，那么君主政府下的民众就不是为了他们彼此的共同利益而加入共同体的理性人，他们拥立统治者统治自己也并非为保护和促进这种利益，而是为了使自己被当作主人支配的一群卑贱之人，主人养活他们、让他们劳作，是为了自己的欢愉或利益。如果人类真是如此缺乏理性和粗鄙不堪，以这样的条件加入社会，那就可能如一些人所说的那样，特权是一种能够做出一些伤害民众事情的专制权力。

§ 164 但是，一个理性的人不可能会在自由的时候甘愿受制于别人，因为这会伤害到他自己（尽管他遇到了一位仁慈睿智的统治者，但是他可能认为，在所有事务上对君主权力加以明确的限制未必必要或有用）。特权只是民众允许他们的统治者为了公共利益而由自己自由选择处理一些事务，统治者的自由选择没有法律依据，甚至直接与法律条文相抵触，而统治者在这么做的时候，民众会默许他们的这一做法。贤明的君主谨慎对待交给他的委托，关切民众的利益，这样的君主享有再多为民众谋利益的特权都不为过。孱弱而昏庸的君主则声称，他的祖先所行使的不受法律指导的权力就是特权，并且根据职位权利，特权归属于他。他可能会随心所欲行使权力，谋求或增进不同于公共利益的利益，这样就使民众有理由主张他们的权利并限制这种权力。如果行使这一权力是为了民众的利益，那么民众就愿意默认。

§ 165 因此，只要读一读《英格兰史》就会发现，最睿智最优秀的君主永远享有最大的特权。因为民众注意到，这些君主的行为整体趋向于公共利益，所以他们对君主没有法律依据的行为没有提出质疑；或者即使由于人性的弱点或失误（君主也是人，与其他人一样）而与这一目的稍微偏离，但是显而易见，只要他们的行为主要是关切民众，那也是一样。因此，每当君主的行为没有法律依据或与法律条文相抵触时，那些有理由对君主满意的民众会默认他们的所作所为，并毫无怨言地允许他们随意扩大自己的特权。他们理所当然地断定，君主行事符合所有法律的基础和目的，即公共利益，因此君主不会损害他们的法律。

§ 166 有一种观点认为，君主专制政体是最好的政府，根据这一观点，这些如同神明一般的君主确实有资格拥有专制权力，正如上帝也是用专制权力统治宇宙一样；因为这些国王具有上帝般的睿智和贤良。于是便产生了这样一种说法，即贤明君主的统治对民众的自由而言永远是最危险的。当他们的继承者用不同的思想实施统治时，他们会援引那些贤明君主的行为作为先例，以此当作他们享有特权的榜样，好像曾经为民众谋利益所做的事情，在他们这里就成了肆意伤害民众的权利。这往往会引发质疑，有时会引发公共骚乱，直至民众收回原来属于他们的权利，并宣布这从来就不是真正的特权。社会中的任何人都不可能有权利伤害民众；对那些本身并未逾越公共利益范围的君主或统治者而言，民众不对他们的特权进行限制是可能的，也是合理的。特权只不过是在缺失规则的情况下，用以谋求公共利益的权力。

§ 167 在英格兰，召集议会的权力理所当然是国王的特权，包括确定会议的确切时间、地点和期限，仍然是在这种委托下，他应该根据当前的紧急情况和形势变化的要求，为国家谋取利益。因为无法预见在何时何地召集议会最合适，所以就将这些事务的选择权交由执行权决定，这样可能对公共利益最有益，也最符合议会的目的。

§ 168 就特权而言，一个经常被提到的问题是，谁来判定这项权力的使用是否得当呢？我的回答是：在享有这种特权的现有执行权和由执行权决定召集会议的立法机关之间，不可能存在人世间的裁决者。如同执行机关或立法机关在掌握权力之后，如果图谋或从事奴役或摧残民众的事情，那么立法机关和民众之间也不存在裁决者。在这种情况下，与在人世间找不到裁决者的所有其他情况一样，民众别无他法，只能诉诸上天。当统治者抱有这样的企图时，他们是在行使一种民众从未赋予他们的权力（民众永远不会同意别人为了伤害他们而统治他们），在做他们没有权利做的事情。如果全体民众或单个人的权利被剥夺，或受别人本来无权行使的权力统治，并且在人世间申诉无门，那么每当裁决重大案件时，他们就有诉诸上天的自由。因此，尽管民众不能成为裁决者，但是根据社会章程，他们在这种情形下有决定和实施有效判决的更高权力；此外，根据先于并高于一切人类实在法的法律，当民众在人世间申诉无门时，他们为自己保留了属于全人类的最终决定权，即决定他们是否有正当理由诉诸上天。人们不能放弃这种裁决权，因为人没有权力使自己受制于别人，并赋予别人毁灭自己的自由。上帝和自然不允许人自暴自弃，以至于忽视对自己的保护。因此人既不能剥夺自己的生命，也不能赋予别人权力来夺走自己的生命。这也不会使任何人认为这样就后患无穷，因为只有在麻烦已经使大多数人感到忍无可忍，并且他们认为有必要纠正时才会如此。但是这是执行权或贤明的君主永远不需要介入的危险，这是所有事情中他们最需要避免的，也是所有事情中最危险的。

# 第十五章　综论父权、政治权力和专制权力

## 经典名句

◆ 父权固然是一种自然统治权,但是决不能将其自身扩展至政治目的和政治权限范围内。

◆ 政治权力只能来源于契约和协议,以及组成共同体的人们所达成的相互同意。

◆ 父权只在子女未成年而无法管理自己的财产时存在;政治权力只在人们拥有可以处置的财产时存在;而专制权力则是支配那些根本没有财产的人。

当华盛顿两届总统任期届满后,他拒绝了第三届连任,他说:"你们再继续选我做总统,美国就没有真正的民主制度了。"

§ 169 我虽然在前面的章节中已经分别讨论过这三种权力，但是我发现近年来有关政府理论的重大错误皆源自于混淆了这三种彼此不同的权力。因此，我将它们放在一起考察，也许不无道理。

§ 170 第一，父权或亲权只不过是父母支配孩子的权力而已，父母为了孩子的利益而管束他们，直到他们能够运用理性或者达到一定的知识境界，能够理解用来规范自己行为的法规，不仅包括自然法，还包括他们国家的国内法。我说的"能够"是指他们像生活在法律之下的其他自由人一样理解法律。上帝将父母对子女的慈爱和温柔植入父母心中，显而易见，上帝并不期望这是一种严厉的专制管束，而仅仅是为了帮助、教导和保护他们的后代。但是事情的发生总是顺势而为，正如我已经证明的，我们没有理由认为父母对子女的这种权力在任何时候可以扩大至生杀大权，正如他们不能对其他任何人享有这种权力一样；当孩子长大成人后，父权也没有任何借口继续让孩子服从父母的意志，让他们承担任何超过因受父母养育之恩而必须终身尊重、尊敬、孝敬、扶助和赡养其父母的义务。因此，父权固然是一种自然统治权，但是决不能将其自身扩展至政治目的和政治权限范围内。

父亲的权力也不能触及子女的财产，而只能由子女自己处理。

**§171** 第二，政治权力是每个人交给社会的权力，这一权力本来是每个人在自然状态下享有的，社会通过明示或默认的委托，即规定这一权力只能用来为民众谋取利益和保护他们的财产，而后将这一权力交给社会为自己任命的统治者。这一权力是每个人在自然状态下都享有的，在社会能够为他提供保障的所有情况下交给社会的权力。只要他认为合适，并且自然允许他这么做，他可以使用这些手段保护自己的财产和惩罚违反自然法的行为，以便（根据他的最佳理性）能最好地保护自己和其他人。因此，当人人在自然状态下掌握这一权力时，这一权力的目的和标准就是保护社会所有成员，即全体人类。当将这种权力交给最高统治者时，也只能以保护社会成员的生命、自由和财产为目的或标准，而不能有其他目的或标准。因此，它不能是一种支配人们生命和财富的绝对专制权力，而生命和财富应该受到尽可能多的保护；它是一种制定法律的权力，并附带一些刑罚，它通过切掉某些部分来保护整体，切掉的部分只是非常腐化的那部分，它们威胁到了整体的健全和健康。若非如此，任何严峻的刑罚都是不合法的。因此，这一权力只能来源于契约和协议，以及组成共同体的人们所达成的相互同意。

**§172** 第三，专制权力是一个人对另一个人享有的绝对专制权力，只要他愿意，可以剥夺另一个人的生命。这不是自然赋予的权力，因为自然并没有在人与人之间造成这种差别；这也不是契约可以转让的权利，因为人对自己的生命不享有这样一种专制权力,所以不能将这一权力赋予另一个人。这只是放弃权利的结果,当侵犯者将自己置于与他人的战争状态时,他就放弃了自己的性命。他已经抛弃了理性,而理性是上帝赋予的人与人之间的准则,是人类组合成团体和社会的共同纽带;他已经放弃了理性启示的和平之路,而利用战争暴力达到其无权强加于他人的非正义目的。他背叛了同类而沦落为使用暴力的野兽,而使用暴力是他的权利准则,这样他就使自己很容易被那些受害者以及与受害者一起匡扶正义的人毁灭。这样的人就像其他任何野兽和毒虫一样,人类无法与他们组成社会,也得不到安全。因此,只有在正义和合法战争中的俘虏才能受专制权力的支配。这种权力既不是源自契约,也无法签订契约,而只是战争状态的延续。与一个不能为自己做主的人能订立什么样的契约呢?他能履行什么条件呢?如果他一旦被允许可以做自己的主人,那么他主人的专制权力就终止了。凡是能主宰自己和自己的生命的人,就也有想方设法保护自己的权利。因此,只要签订了契约,奴役就终止了。一个人只要与他的战俘议定了条件,那他就放弃了专制权力,并且终结了战争状态。

这对他们的生存来说是毁灭性的。

**§ 173** 自然将这些权力中的第一种权力,即父权赋予了父母,这是为了保护他们的孩子在未成年时的利益,从而弥补他们在如何管理自己的财产方面缺乏的能力和认识(我们必须充分理解这里的"财产"一词,与其他出现的地方一样,它是指人们在人身和财物方面的财产)。自愿协议将第二种权力,即政治权力交给了统治者，这是为了保护其臣民的利益，从而为他们占有和使用财产提供保障。放弃权利赋予了主人第三种权力，即专制权力，这是为了主人自己的利益，从而使他可以对那些被剥夺一切财产的人享有这种权力。

§ 174 一个人只要认真思考一下这些权力截然不同的起源、范围以及不同的目的，就会清楚地看到，父权远远比不上最高统治者的权力，而专制权力又超越了统治者的权力。不管谁掌握着这种绝对统治权，它绝不是公民社会中的一种权力，它与公民社会水火不容，正如奴隶制度和财产一样。父权只在子女未成年而无法管理自己的财产时存在；政治权力只在人们拥有可以处置的财产时存在；而专制权力则是支配那些根本没有财产的人。

# 第十六章 论征服

## 经典名句

◆ 实际上,摧毁旧的国家往往会为建立新的国家结构铺平道路,但是如果无法获得民众同意,新的国家永远建立不起来。

◆ 征服的权利只延及那些参战者的生命,并不延及他们的财产,这只是为了弥补在战争中受到的损失和花费的费用,同时也应该保护无辜的妻子和子女的权利。

◆ 任何一个政府都无权要求那些不自愿同意它的人服从。

恺撒,被视为罗马帝国的奠基者。他征服了高卢,袭击了日耳曼和不列颠,并占领罗马,集大权于一身。

§ 175 除了前面提到的最初起源之外，政府并无其他起源，政体也只能建立在民众同意的基础之上。然而，野心却使世界混乱不堪，战争的喧嚣占了人类历史的很大一部分，致使这一同意很少被注意到。因此，许多人将武力误认为民众的同意，认为征服是政府的起源之一。但是，征服远不等于建立政府，就好比拆除一座房子远不等于在原地建筑一座新房子。实际上，摧毁旧的国家往往会为建立新的国家结构铺平道路，但是如果无法获得民众同意，新的国家永远建立不起来。

§ 176 侵犯者将自己和别人置身于战争状态，不正当地侵犯另一个人的权利，因此他们永远不能通过这种非正义战争获得统治被征服者的权利。人们对此很容易达成一致，他们认为，盗贼和海盗对那些被武力制服的任何人不享有绝对控制权，并且这些人也不受非法武力胁迫下所做出的各种承诺的约束。如果一个强盗非法闯入我的家中，用刀对准我的喉咙，逼我立约将我的财产转给他，这能赋予他任何权利吗？这仅仅是一个非正义的征服者用他的剑强制我服从时获得的权利。不管是头戴王冠的君主还是卑贱的流氓所为，他们造成的伤害和罪行是一样的。除了罪行有所加重之外，罪犯的头衔及其党羽的数量并没有使犯罪行为有所不同。唯一的区别是，大盗可以惩罚小盗，使他们服从自己。与这个世界软弱的正义相比，由于大盗过于强大，他们反而得到了桂冠和胜利的奖赏，而且将惩治罪犯的权力占为己有。对于非法闯入我家的强盗，我该怎么办呢？我应该向法律诉求正义。但是，正义可能得不到伸张，或者因为我受伤致残而无法行动，抑或因为被抢而束手无策。如果上帝剥夺了我所有寻求帮助的方法，那我只能忍耐了。当我的儿子有能力时，他可以寻求以前拒绝我的法律救济：他或他儿子还可以重新起诉，直到他恢复自己的权利。如果被征服者及其子女在人世间找不到法庭或裁决者，他们可以效仿耶弗他，向上天申诉，并不断反复提出申诉，直到他们恢复祖先享有的天赋权利，即有一个多数人同意并自由默认的立法机关来统治他们。如果有人反对，认为这会引起无休止的麻烦，那我的回答则是，如果法官向所有对她申诉的人开诚布公，那这不会比司法引起更多的麻烦。如果一个人毫无理由地骚扰他的邻居，那么他的邻居就会向法官申诉，他将受到法官的惩罚。如果他诉诸上天，他必须确信权利在他这一方，还要确信这一权利值得他在申诉时付出辛劳和费用，因为他将在一个可以明察秋毫的法庭上答辩，并且这个法庭将确保根据他对那些同属臣民的同伴即任何一部分人所造成的伤害而对他们予以补偿。由此可见，非正义战争中的征服者没有权利要求被征服者臣服和服从。

§ 177 但是，如果胜利属于正义一方，那让我们考察一下合法战争中的征服者，看看他享有什么权力以及对谁享有这种权力。

第一，很显然，他不能通过征服而对那些与他一起征战的人享有权力。那些与他并肩作战的人不能因为征服而遭受损失，至少他们还应该和以前一样，还是自由人。最常见的情况是，他们根据合同条款服役，并根据一定条件与领袖共同分享一部分战利品以及因参加征服战争而获得的其他利益，或者至少获得被征服国家的一部分领土。我希望，征服者不会因为征服而沦为奴隶，并仅仅为了显示自己是领袖取得胜利的牺牲品而戴上桂冠。那些依靠武力名义建立君主专制政体的人，使他们的英雄即这种君主政体的奠基者们变成了彻头彻尾的"刽子手"，他们忘记了还有很多将士在他们获胜的战役中

"诺曼征服"指1066年法国诺曼底公爵威廉对英格兰的入侵和征服。1066年，英格兰国王爱德华逝世，由于膝下无子，引发王位继承问题。诺曼底公爵威廉与哈罗德皆声称有王位继承权。9月28日，威廉率领大军横渡英吉利海峡，后双方交战于黑斯廷斯附近。由于哈罗德仓促应战，阵亡沙场。威廉长驱直入伦敦，在1066年的圣诞节于西敏寺加冕为王。此次事件标志着英国盎格鲁—撒克逊时代结束，诺曼底王朝建立。图为征服者威廉登陆英格兰。

> 刽子手，原文为"Draw-can-sirs"，是英国白金汉公爵乔治·维利尔斯（George Villiers，1628—1687）的讽刺剧《排练》（The Rehearsal）中的一个角色，他性情暴躁，不分敌我，在战场上乱杀一气，这里将其意译为"刽子手"。

与他们并肩作战，或在征服过程中帮助他们，或同他们共同占有他们吞并的国家。有人告诉我们，英国君主政

体创建于诺曼征服时期,我们的君主由此获得了绝对统治权的资格。如果确实如此(但根据历史,事实并非如此),并且如果威廉有权利对英伦发动战争的话,那么通过征服而获得的统治权也只能与当时居住在这个国家的撒克逊人和不列颠人相当。且不管这将赋予威廉什么样的统治权,那些追随并帮助他征战的诺曼人以及他们的后世子孙都是自由人,而不是被征服的臣民。如果我或其他任何人作为他们的后裔要求享有自由,这将很难找到相反的证据。显而易见,对两种人一视同仁的法律并没有打算使他们的自由或基本权利存在任何差别。

§ 178 但是,如果假设征服者和被征服者永远不会组成一个民族,无法置身于同样的法律自由之下,当然,这种情况很少出现,接下来让我们看看合法的征服者对被征服者享有什么权力。我认为这种权力是一种纯粹的专制权力。他对那些在非正义战争中已经放弃生命的人们享有绝对权力,但是对那些没有参与战争的人的生命或财富,甚至对那些真正参战的人们所占有的财产都不享有这种权力。

§ 179 第二,我认为征服者只对那些实际上帮助、赞成或同意使用非正义武力的人享有权力。除非民众真正支持发动非正义战争,否则他们就不应该对非正义战争中出现的暴行和不公正行为负责,因为民众并未赋予统治者做非正义事情的权力,例如发动一场非正义的战争(因为他们自身从未享有这种权力)。正如统治者对民众或任何一部分臣民施行暴力和压迫,民众不应该认为他们是在犯罪一样,因为他们在第一种情况中赋予统治者的权力并不比第二种情况多。诚然,征服者很少费心甄别这一点,而是愿意借战争混乱之机扫除一切,但它改变不了这一权利。征服者之所以有权力支配被征服者的生命,仅仅是因为征服者曾使用武力实施或支持非正义行为,他只能对那些赞成使用这种武力的人享有这种权力,其他人则是无辜的。如果那个国家中的人并未对他造成伤害,他们就没有放弃自己的生命权,这个国家的人与那些没有对他造成伤害或向他挑衅,而是在公平条件下与他共同生活的人相比,他对前者享有的权力并不比对后者享有的多。

§180 第三,在正义战争中,征服者获得的那种对他所战胜的人享有的权力,是完全专制的。他对那些因使自己处于战争状态而放弃自己生命权的人享有绝对权力,但是他并不因此而对他们的财产享有权利和所有权。对此我并不怀疑,但是乍一看来,这似乎是一个怪异的学说,因为这与世界的做法完全相反。在谈到国家领土时,最熟悉的说法莫过于通过征服获得,似乎一经征服,就会不费吹灰之力转移占有权。但是,我们细加考虑就会发现,不管强权做法多么普遍,终究很难成为权利准则。不论如何,这是被征服者臣服的一部分,他们对那些征服者用刀剑强加给他们的境遇不做任何争辩。

§181 在所有的战争中,武力与损害总是交织在一起,当侵犯者使用武力对付开战对方时,通常会对财产造成损害;然而,只有使用武力才能使一个人处于战争状态。不管他是用武力造成伤害,还是以欺诈手段偷偷对别人造成伤害,他都拒绝赔偿,并用武力维持它(这与一开始就用武力造成伤害是一回事),因此非正义地使用武力就会爆发战争。不管他是破门闯入我家,用暴力将我赶出家门,还是平静地走进我家门,然后用武力让我出去,这在本质上是相同的。如果我们正处在这样一种状态,即我们在世界上没有可以向其申诉并且双方必须服从于他的共同裁决者,这就是我现在正提到的情况。非正义地使用武力使一个人和另一个人处于战争状态,由于这一罪行,他因而放弃了自己的生命。如果一个人脱离作为人与人之间一定准则的理性,而像野兽一样使用武力,那么他就变得易于被那些受其武力侵害的人毁灭,正如那些威胁他生存的饿极了的凶猛野兽一样。

§ 182 父亲的不端行为并非是子女们的错误,尽管父亲是残忍和不讲道义的,他们却可能会是理性而温顺的。父亲因为自己的不端行为和暴行,只能放弃自己的生命,而不会将子女牵连进他的罪行或毁灭行为中来。为了尽可能地保护全家人,自然会将财物分给他的子女,以避免他们死亡,所以他的财物仍归他的子女所有。如果子女因为年幼、不在场或自愿选择而未加入战争,那么他们就没有做任何放弃财产的事情。尽管征服者可能对这些财产享有一些权利,可以弥补因为维持战争和捍卫自己的权利而造成的损失,但是他不能因为仅仅有权利制服那个企图用武力毁灭他的人而享有剥夺其子女财产的任何权利。至于他能占有多少被征服者的财产,我们不久之后就会讨论。因此,一个人通过征服享有支配一个人人身的权利,可以随意毁灭他,但是并非因此就享有占有和享用其财产的权利。这是因为,赋予对手以权利,将侵犯者当作道德败坏的人而剥夺其生命并可以随意毁灭他的,是侵犯者曾使用的野蛮武力;而使其对另一个人的财物享有权利的只是他所遭受的损失。虽然我可以杀死拦路抢劫的盗贼,但我却不能(这似乎很少见)抢走他的钱,然后再放他走,否则我就成了抢劫犯了。虽然他使用武力并将自己置身于战争状态使他放弃了自己的生命,但是这并未赋予我占有他的财物的权利。因此,征服的权利只延及那些参战者的生命,并不延及他们的财产,这只是为了弥补在战争中受到的损失和花费的费用,同时也应该保护无辜的妻子和子女的权利。

§ 183 即使征服者一方具有可以想得到的尽可能多的正义,但他仍没有权利依法占有多于被征服者所放弃的东西。他的性命掌握在胜利者手中,胜利者可以占有他的劳役和财物来弥补自己的损失,但是不能占有他妻子和子女的财物。妻子和子女也有权享用他的财物,并且他的财产也有他们的份。比如,我曾在自然状态中(所有国家都处于自然状态之中)伤害了另一个人,但我拒绝接受决斗,因此就进入了战争状态。我用武力保护我的非法所得,这样我便成了侵略者。我被征服以后,我确实已经放弃我的生命,因此可以任由别人处置,但是我的妻儿则不然。他们既没有发动战争,也没有在战争中帮助我。我不能放弃他们的生命,他们也不是我能够放弃的;我的财产中有妻子的一份,这也不是我能放弃的;并且我的子女由我所生,也有权依靠我的劳动和财产维持生活。因此,情况就是这样的:征服者有权因遭受的损失而获得赔偿,被征服者的子女也有权为维持生存而享有父亲的财产。至于妻子的那份财产,不管是她自己的劳动还是契约赋予了她享有财产的权利,显而易见,她的丈夫不能放弃她的那部分财产。在这种情况下,应该怎么办呢?我的回答是:基本的自然法是要尽可能地保护所有人,如果缺乏足够的财产充分满足双方,即征服者的损失和子女的生存,那么富有的人必须降低使他充分满意的要求,让位于那些不能获得财产就有死亡危险的人,使他们获得这一迫切而优先的权利。

**§184** 但是,如果被征服者倾其所有赔偿战争费用和损失,那么被征服者的子女在父亲的财物被强夺之后只能挨饿等死。虽然应该将财产交给征服者而使其满意,但是由于这个原因,并未赋予征服者享有对被征服国家的权利。因为在世界的任何地方,如果那里的土地已经全被占有,没有荒废的土地,那么战争损失很难与一大片土地的价值相提并论。如果我未能夺走征服者的土地——因为我被打败,不可能再这么做了——假设我侵占的他的土地的耕熟程度与我的土地相同,并且土地面积相近,那么我在他的土地上造成的任何其他损失无法抵得上我的土地价值。通常造成的最大破坏是毁坏一年或两年的收成(很少会达到四年或五年的收成)。至于被掠夺的金钱以及诸如此类的财富珍宝,这些并非是原始状态的财物,它们具有的只是一种臆想的虚有价值,而自然并未赋予它们这种价值。根据自然的标准,它们是没有价值的,正如美洲印第安人的贝壳串珠对于一个欧洲的君主,或欧洲的银币对于从前的美洲印第安人一样。在所有土地已被占用而没有留下荒地供他占用的地方,这块土地五年的收成抵不上土地的永久继承权。这无疑是理所当然的:如果剥离货币的虚有价值，那么战争损失与土地价值之间的比例将大于5∶500。但是与此同时，在土地数量超出居民占有和使用数量，并且人人都可以自由使用荒地的地方，半年的收成就能抵得上土地永久继承权的价值。在这样的地方，征服者就不再处心积虑占有被征服者的土地了。因此，处于自然状态的人（因为所有君主和政府都彼此处于自然状态中）彼此之间遭受的损失，无法赋予征服者剥夺被征服者后代的土地占有权并将他们从所继承的土地上驱逐的权力，这些土地本来是由他们和他们的后代所有，并代代相传。实际上，征服者倾向于以主人自居，而被征服者的这种境遇使他们不能对征服者的权利提出质疑。如果这就是一切的话，那么它赋予的权利仅仅是武力赋予强者支配弱者的权利。因此，根据这一理由，谁最强大谁就有权利占有任何他所想要的一切。

§185 对于那些与征服者并肩作战的人、被征服国家中未反对过他的人以及反对过他的那些人的后代而言，即使在正义的战争中，征服者也无法通过征服而对他们享有统治权。他们不受他的任何约束，如果他们原有的政府解体了，他们可以为自己创建另一个政府。

§186 诚然，征服者往往会使用他对那些人所享有的武力，用刀剑抵住他们的胸口，强迫他们屈从于他的条件，服从那个按照他的意愿而为他们建立的政府。但疑问是，他有什么权利这样做呢？如果说他们服从是基于自己的同意，那么对于赋予征服者统治他们的权利而言，这就认可了被征服者自己的同意是必要的。仍需考虑的一点是，并非根据权利而是依仗武力强制做出的承诺,是否可以被当作同意,并且这种同意的约束力有多大。我对这个问题的回答是,它们根本没有约束力。这是因为,不管另一个人使用武力抢走了我的什么东西,我仍然有保有它的权利,他必须立即归还我。抢走我的马的人应该立即将马归还我,我仍然有夺回的权利。基于同样的理由,强迫我做出许诺的人,应该立即将它归还于我,即解除我许诺的义务,否则我可以自行收回,即由我自己决定是否履行许诺。自然法只能根据其规定的准则规定我应负有的义务,而不能通过违反其准则来强制要求我,比如使用武力侵占我的任何东西。当强盗用手枪指着我索要我的钱包时,我将手伸进口袋掏出钱包亲手交给他,然后他说我做出了许诺,这样说不仅根本改变不了案件,同样也不能宽恕他使用武力而转让这种权利。

§ 187 由以上论述可以得出结论:由于征服者无权对被征服者开战,或他有权开战,但是被征服者没有参加反对他的战争,所以征服者用武力强加给他们的政府对他们没有约束力。

§ 188 但是,让我们假设那个共同体的所有人都是同一国家的成员,他们都参与了这场非正义战争并被征服,如此一来,他们的生命就只能任凭征服者摆布了。

§ 189 我认为这也与他们的未成年子女毫无关系。既然父亲自身无权支配子女的生命或自由,那么他的任何行为都不可能使他放弃这种权力。因此,不管父亲发生了什么事情,他的子女还是自由人。征服者的绝对权力仅限于支配那些被他征服的人本身,并且这种权力随着那些人的去世而结束。他可以像统治奴隶一样统治他们,使他们服从于他的绝对专制权力,但是他对他们的子女不享有这种统治权。不管他迫使他们说什么或做什么,除非他们自己同意,否则他对他们不能享有任何权力;如果他使用武力而非自愿选择来强迫他们服从,那么他就不享有合法权威。

§ 190 每个人生来就享有双重权利:第一是他的人身自由权,除了他自己能够自由处置外,其他人不享有这一权力;第二是他和他的兄弟们比任何其他人优先继承父亲财物的权利。

§ 191 根据第一种权利,虽然一个人出生在一个受政府管辖的地方,但他生来不隶属于任何政府。然而,如果他拒绝承认自己出生地国家的合法政府,那么他必须也放弃依据此国法律而属于他的权利以及他的祖先传承给他的财产,因为这个政府是基于他们祖先的同意而建立的。

§ 192 根据第二种权利,虽然存在一个违反被征服者的自由同意而强迫他们接受的政府,但是如果那些被征服者的后代享有继承他们财产的权利,那么任何国家的居民也保留着继承他们祖先财产的权利。尽管他们同意政府并非出于自愿,并且政府借由武力将苛刻的条件强加于那个国家的所有者,那也是如此。因为最初的征服者对那个国家的土地从未享有权利,对那些被迫勉强服从政府统治的人的后代或自称属于此类人的人而言,他们永远有权利摆脱征服者,并使自己从刀剑强加给他们的侵犯或暴政中解放出来,直到他们的统治者使他们置于他们自愿选择同意的政府构架之下。希腊的基督徒们是古希腊所有者的后代,只要他们有能力这么做，他们就会正当地摆脱长久以来饱受土耳其人折磨的枷锁，谁会怀疑他们呢？任何一个政府都无权要求那些不自愿同意它的人服从。除非他们处于可以选择政府和统治者的完全自由状态中，或至少拥有经过他们本人或他们选出的代表同意的长期有效的法律，并且允许他们享有合法财产，从而使他们成为自己财产的所有者，未经他们本人同意，任何人不能剥夺他们的任何一部分财产，否则绝不能认为他们表示过自愿同意。若非如此，任何政府之下的人都不是处于自由人的状态，而完全只是战争暴力的奴隶而已。

§ 193 即使正义战争的征服者对被征服者的财产享有权利，也对他们的人身享有权力，当然，显而易见，他们是不享有这种权利和权力的，但是在政府存续期间，没有什么绝对权力会由此产生。因为这些被征服者的后代全都是自由人，如果他为了让他们居住于他的国家而赐予他们土地和财产（如果没有这些，国家就毫无意义了），无论他赐予他们什么，只要是他赐予的，他们就享有财产权，财产权的性质就是：未经本人同意，不能剥夺他的财产。

§ 194 根据与生俱来的权利，他们的人身自由，而且财产无论多少，都是他们自己的，由他们自己处置，而不是由征服者处置，否则也就不是自己的财产了。如果征服者给一个人1000英亩土地，永远归他和他的继承人所有，然后又出租给另一个人1000英亩土地让他终身使用，年租金为50或500英镑。前者有权利永久享有这1000英亩土地吗？后者通过支付上述租金就可以终身享有吗？在上述租期内，承租者通过自己的努力和勤劳获得多余租金的部分，假设获得了两倍租金的收入，承租者不能终身享有吗？是不是可以说，国王或征服者授予土地后，可以依靠征服者的权力而剥夺前者后裔或在有生之年须支付租金的后者的全部或部分土地呢？或者说，他可以肆意剥夺两人耕耘经营土地所得的财货吗？如果他可以这样做，那么世界上一切自由自愿达成的契约就会终止，并且变得毫无效力。只要权力充分，不需要做什么就可以随时解除合同。掌权者的一切授予和承诺只是愚弄和欺骗。有人说，"我将这件东西永远送给你和你的后代"，这是所能想出的最明确和最郑重的财产让与方式，但是这句话也可以理解为："如果我愿意，我有权利明天再一次收回它。"世界上是不是再也没有比这更荒谬的说法了？

§ 195 我现在不想讨论君主是否免受国内法律的约束，但是有一点我确定，他们应服从上帝和自然的法则。没有哪个人，也没有哪种权力能够免除他们对这一永恒法的义务。就承诺而言，这些义务如此重大而且如此明显，万能的上帝本身也要受它约束。授予、承诺和誓言是约束万能上帝的契约。无论阿谀者如何奉承世界上的君主，这些君主连同他们的子民加在一起，与伟大的上帝相比，也只不过是沧海一粟或天平上的微尘而已，微不足道。

§ 196 有关征服的问题可以概括如下：如果征服者有正当的理由，那么他对那些在战争中曾经实际帮助和赞成其敌人的所有人都享有专制权利，并且有权用他们的劳动和财产弥补他的损失和花费，因此他并不损害任何人的权利。对于不同意战争的其他人(如果有这样的人的话)、被俘者本人的子女以及这两种人的财产，他不享有权力，因此他无法凭借征服而享有统治他们的合法权利，或者将它传给他的后代。如果他图谋他们的财产，因此而将自己与他们置于战争状态，那么他就成了一个侵略者。与丹麦人兴加尔(Hingar)和胡巴(Hubba)在英格兰或斯巴达克斯(Spartacus)在意大利(如果他曾经征服意大利的话)一样，他或他的任何继承者并不享有君权。一旦上帝赋予那些臣服于侵略者的人以勇气和机会，他们就会摆脱侵略者的奴役。因此，不管亚述帝国的国王依靠武力对犹大王国享有何种权利，上帝还是帮助希西家摆脱了那个征服他们的帝国的统治。耶和华与希西家同在；他无论往何处去，尽都亨通；他背叛，不肯侍奉亚述王(《旧约·列王纪下》，第18章第7节)。由此可见，尽管凭借武力获得的承诺和誓约会起阻碍作用，但是摆脱一种通过武力而不是凭借正义强加于一个人身上的权力，纵然背负背叛之名，这在上帝面前也不是罪行，而是上帝允许和赞同的。只要仔细阅读过亚哈斯和希西家的故事，人们就很有可能知道，亚述人打败了亚哈斯并废黜了他，并且在他还在世的时候立他的儿子希西家为王。根据协议，希西家要对上帝一直效忠和供奉。

希西家接见使者。据《圣经》记载，希西家是犹大末年的君主。他的父亲亚哈斯是一个背逆上帝的君王，他曾封锁了圣殿之路，得罪了上帝。希西家在25岁就登基作王，恢复敬虔上帝，遵从上帝的指令从事，因而得到上帝的眷顾，国事亨通。

# 第十七章　论篡夺

## 经典名句

◆ 与征服不同的是,篡夺者永远不会是正义的一方,因为只有当一个人将另一个人享有权利的东西占为己有时,才能称之为篡夺。

◆ 不管是谁,只要他不是按照国家法律规定的方法,而是通过其他方式行使任何一部分权力,那么即使仍然保留了国家形式,他也无法享有被服从的权利。

被称为"篡权者"的阿历克塞一世,是科穆宁王朝的东罗马帝国皇帝(1081—1118 年在位)。

§ 197 如果征服被称为外来篡夺,那么篡夺就是国内征服的一种。与征服不同的是,篡夺者永远不会是正义的一方,因为只有当一个人将另一个人享有权利的东西占为己有时,才能称之为篡夺。就篡夺而言,这只是自然人的变更,而不是政府形式和章程的变更。如果篡夺者扩张自己的权力,超越了属于合法君主或国家统治者的权利范围,那就是篡夺加暴政。

§ 198 在一切合法政府中,指定由谁掌权,如同政府形式本身一样,是政府自然而必要的一部分,并且它是由民众最初确立的。因此,一切具备固定政府形式的国家,也有任命那些加入政府机关的人的规章制度以及授予他们权利的固定方法。无政府状态非常类似于那些根本不存在政府形式的情况,或赞同君主政体却未指定任何方法确认或任命享有权力并担当君主的人的情况。不管是谁,只要他不是按照国家法律规定的方式,而是通过其他方式行使任何一部分权力,那么即使仍然保留了国家形式,他也无法享有被服从的权利。既然他不是法律任命的人,因而也就不是民众同意的人选。在民众自由同意并且真正同意承认和确认他凭借篡夺获得的权力之前,这样的篡夺者或任何继承者永远不会享有权利。

# 第十八章　论暴政

## 经典名句

◆ 无论统治者享有何种权利,如果他不以法律而以自己的意志为准则,那么他的命令和行动就不是为了保护民众的财产,而是为了满足他们自己的野心、报复心、贪心或其他不合法的欲望。

◆ 将权力交给某些人是为了统治民众并保护他们的财产,无论在什么情况下,这一权力如果被用以实现其他目的,并被用来压榨、侵扰民众或使他们屈服于那些掌权者专制而不合法的命令,不管行使这一权力的是一个人还是多个人,它会立即变成暴政。

尼禄,古罗马帝国的皇帝(54—68年在位),是古罗马乃至欧洲历史上有名的残酷暴君,世人称之为"嗜血的尼禄"。

§ 199 如果说篡夺是行使另一个人有权利行使的权力，那么暴政就是越权行使任何人没有权利行使的权力。因此，暴政是任何人为了个人的利益，而不是为了处于权力之下的人的利益而行使自己手中掌握的权力。无论统治者享有何种权利，如果他不以法律而以自己的意志为准则，那么他的命令和行动就不是为了保护民众的财产，而是为了满足他们自己的野心、报复心、贪心或其他不合法的欲望。

§ 200 如果因为这话出自一个地位卑贱的臣民之口，便有人怀疑它的真实性和合理性，那么我期望国王的权威能够使他接受这一点。1603年，詹姆士一世在国会致辞时告诉人们："我将制定良好的法律和宪法，永远以公众和整个国家的福祉为重，而不考虑我自己的特殊目的或个人目的。我将国家富足和福祉视为我的最大福祉和世间最幸福之事。这就是合法的国王与暴君的截然不同之处。因为我自认为，正义的国王与篡位的暴君之间最首要和最大的差别就是：妄自尊大而野心勃勃的暴君认为他的王国和臣民注定只是为了满足自己的私欲和不合理欲望，而正直公正的国王则与此相反，认为自己是受命为民众谋求财富和财产。"并且在1609年的国会致辞中，詹姆士一世还提到："国王用双重誓约约束自己遵守其王国的基本法律:一种是默示的,即身为国王就必须保护王国内的民众和法律;另一种是明示的,即在加冕仪式上通过誓言明确表明的。因此,在一个稳定的王国里,每一位公正的国王必须遵守他根据法律与臣民订立的契约,并在此基础之上根据大洪水之后上帝与挪亚达成的契约——大地继续存在,从此以后,耕种与收获、寒冷与炎热、夏天与冬天以及黑夜与白昼的交替轮回将永无停息——构建与之相适合的政府。因此,如果在一个稳定的王国里统治的国王背离其法律而统治,那么他就不再是一个国王,而蜕化成了一个暴君。"稍后他又说:"因此,不是暴君或未发假誓的所有国王都会欣然将自己限制在自己法律的范围之内。凡是唆使他们背离此道的人皆是奸佞阴险之徒,既不忠于他们的国王,也不忠于国家。"由此可见,这位明事理的博学国王认为,明君和暴君之间的区别仅在于此:明君将法律作为其权力范围,以公众利益作为其政府的目的;而暴君则是一切为自己的意志和欲望让路。

§ 201 如果认为这一缺点只是君主政体所特有的,那就错了;其他政府形式与君主政体一样,也会出现这一问题。将权力交给某些人是为了统治民众并保护他们的财产,无论在什么情况下,这一权力如果被用以实现其他目的,并被用来压榨、侵扰民众或使他们屈服于那些掌权者专制而不合法的命令,不管行使这一权力的是一个人还是多个人,它会立即变成暴政。因此,我们获知雅典有三十位暴君,在叙拉古也有一位暴君,并且罗马"十人委员会"的统治让人无法忍受,也好不到哪里去。

§202 无论在哪里,如果违反了法律去侵害另一个人,那么法律就会终结,暴政便会开始。无论是谁掌权,如果他僭越了法律赋予的权力,并利用他掌控的武力强迫臣民接受法律不允许的行为,那么他就不再是一个最高统治者了。未经授权的行为会受到抵抗,就像任何其他人以武力侵害另一个人的权利会受到抵抗一样。这已经得到了执行法律的下属官员的认同。一个有权在街上逮捕我的人,如果他试图闯进我家执行命令,尽管我知道他有逮捕证,也有这样的法定权力授权他在户外逮捕我,但是我仍然可以将他当作盗贼或抢劫犯而反抗他。为什么不能像约束下级官员那样约束最高统治者呢?我非常乐意有人能告知我其中的缘由。长子占有父亲的绝大部分财产,他就因此而剥夺其他兄弟的那部分财产,这合理吗?或者说,拥有整个乡村的富人因此就有权利肆意侵占其贫穷邻居的村舍和花园吗?如果一个人合法拥有强大的权力和巨大的财富,远远超过了亚当的绝大多数子孙所

十人委员会,是公元前451年罗马的平民与贵族同意组建的立法机构,这个委员会拥有全权制定法律的权力,制定了著名的《十二铜表法》。十人委员会中的每个人轮流管理政府一天,而且当天当政的那个委员就会有刀斧手持刀斧棍捆仪仗开道。但后来发展成了一个专制机构。当十人委员会的职务任期届满时,十人委员会拒绝离开职位,或允许继承人接管职位。其中的执政官曾做出不公正的决定,遭到人们的反对。公元前449年,十人委员会放弃了职位。

第十八章 论暴政 183

拥有的,这不但不能作为他进行掠夺和压迫的借口,更不能作为其理由,掠夺和压迫是未经授权而伤害另一个人,这会使情况变得更加恶化。如果超越了职权范围,大小官员一样,都不再享有权利;国王和警察一样,都不能证明其正当性。但是对这个人而言,情况就更加糟糕了,因为他受到了更多的托付,因而他要比其他同胞享有更大的份额,并且他在学识、职业和顾问方面具有有利条件,理应更具洞察力明辨是非曲直。

§ 203 那么,可以反对君主的命令吗？如果一个人感觉自己受到了侵害,便仅凭臆想认为君主没有权利那样对待自己,那他可以进行反抗吗？这将扰乱和倾覆一切政体,代替政府和秩序的只是无政府状态和混乱。

§ 204 我对此的回答是:武力只能用来反抗非正义的不合法武力。任何人在其他任何情形下进行的反抗,会使自己受到上帝和人类的正义谴责,因此不会发生像人们常说的那种危险或混乱。这是因为:

§ 205 第一,在一些国家中,法律规定君主自身是神圣的,所以无论他命令什么或做了什么,他自己仍然免受一切质疑或侵犯,也不受武力或任何司法责难或谴责,但是可以反对任何下级官员或由他任命的其他官员的不法行为。除非他通过使自己与民众实际处于战争状态而解散政府,从而任由人们采取在自然状态下属于每个人的防卫手段。对于这种事情,谁能知道会有什么结果呢？邻近的王国已经向全世界展示了一个不同寻常的例子。在其他所有情况下,君主自身的神圣不可侵犯性可以使他免于一切麻烦，凭借这一点，只要政府存在，那么他就可以免遭任何暴力和伤害之苦，因此再也没有比这更贤明的制度了。他自己造成的伤害不可能经常发生，而且影响也不会很大，单凭他个人的力量无法破坏法律，也无法压迫全体民众，即使那些非常孱弱和性情乖僻的君主想这样做也不可能。鲁莽任性的君主继承王位之后，有时会发生一些特殊的祸患，这些祸患造成的麻烦可以由民众的安宁和政府的安全予以充分弥补，因而可以使君主本人置身于危险之外。对民众整体而言，尽管一些人有时会遭受危险，但与国家元首不时被轻易置于危险境地相比，还是这样更安全。

§ 206 第二，这种免责特权只属于国王自己，对于那些伪称领受国王任命却未经法律授权而使用非正义武力的人，这种免责特权并不妨碍针对他们的质疑、反对和抵抗。举一个明显的例子，一个人持有国王的令状去逮捕某人，这虽然是由国王全权委托的，但是他不能闯入这个人家中实施抓捕，也不能在某些时间和某些地点执行国王的命令。虽然在委托时并未规定这些例外情形，但这些是法律的限制，如有任何人违反，那么国王的委托也无法使其免除惩罚。因为国王的权威仅仅是法律赋予的，所以他不能授权任何人违反法律，也不能因为国王委托他这样做而为他辩护。任何最高统治者越权委任或发布命令，与个人委任和发布命令是一样的，都是无效且毫无意义的。二者之间的区别在于，最高统治者享有实现某些目标的权威，而个人则根本不享有。赋予行动以权利的是权威，而不是委任；如果违反了法律，就不可能有权威。然而，尽管存在这种抵抗，但是国王自身和权威仍受保护,因此统治者或政府就不会遭受危险。

**§207** 第三,有一种学说认为,反抗一切非法行使权力的行为均属合法,假如政府首脑自身并非神圣不可侵犯,那么这种学说不会轻易危及他,也不会使政府陷入混乱。在受害方能够获得救济,其损失可以通过诉诸法律获得赔偿的情况下,他就没有理由使用武力。一个人只有受到阻拦而无法诉诸法律时才能使用武力。只有在诉诸法律仍无法获得赔偿的情况下,才能将这种武力视作敌对武力。也只有这种敌对武力才能使运用它的人进入战争状态,从而使别人对他的抵抗变得合法。比如,如果一个人手持利刃站在公路旁强行索要我的钱包,虽然我的口袋里可能不到12个便士,但我却可以合法地杀死他。再比如,我将100英镑交给另一个人,只在我下车时由他保管,但是当我再次上车时,他却拒绝归还我,如果我试图夺回的话,他就拔出剑来,用武力保护他占有的钱。与前一个打算抢劫我的人(在他真这么做之前,我已经杀死他了)相比,这个人对我造成的损害大100倍甚至1000倍。但是我可以合法地杀死前者,却不能合法地伤害后者。原因是显而易见的,因为前者使用武力威胁到了我的生命,我不可能有时间诉诸法律保护我的生命,而失去了生命再诉诸法律就太迟了。法律无法让我起死回生:这种损失是无法挽回的。为了防止出现这种情况,自然法赋予我权利,从而消灭那些使我处于战争状态并以死亡威胁我的人。但在后一种情况中,我的生命并未处于危险之中,我可以通过诉诸法律获得救济,并用这个方法赔偿我损失的100英镑。

§ 208 第四,如果治安法官(利用手中的权力)一意孤行施行不法行为,并利用这一权力阻碍人们获得根据法律应得的救济,那么即使对这种明显的残暴行为行使反抗权利也不会突然或轻易扰乱政府。如果所涉及的仅仅是私人案件,尽管他们有权利保护自己以及使用武力夺回被非法武力剥夺的东西,但是有这样做的权利并不会使他们轻易为此誓死争夺。如果全体民众认为自己与此事无关,那么仅凭一个或几个受压迫的人是无法使政府陷入混乱的,正如一个胡言乱语的疯子或一个执拗而对现状不满的人不可能推翻稳定的国家一样。民众不会轻易追随前者,也不会轻易追随后者。

§ 209 但是,如果这些非法行为已经波及大多数民众,或损害和压迫只涉及少数人,在这种情况下,前车之鉴及其后果似乎威胁到了所有人,他们的内心会说服自己,认为他们的法律连同他们的财产、自由和生命处于危险中,甚至他们的宗教也岌岌可危;至于如何阻止他们抵抗危害他们的非法武力,我也不知道。我承认,当统治者使政府陷入这一关头,引起民众的普遍怀疑时,无论政府治理得如何,这都是一个麻烦。这是统治者可能陷入的最危险状态,但他们这样是不值得怜悯的,因为这是很容易避免的。如果一个统治者真的为民众利益着想,保护他们和他们的法律,他们不可能看不到,也不可能感受不到。正如一个家庭的父亲不可能不让子女看到他的慈爱和照顾一样。

§ 210 但是,如果世人都注意到君主是说一套做一套,权术被用来规避法律,委托的特权(这是君主在某些事情上掌握的一种专制权力，目的是为民众谋利益，而不是伤害民众）被用以与赋予权力的初衷背道而驰的目的；如果民众发现选拔大臣和执行法律的下属官员是为了这样的目的，并且依据他们是否促进或反对这些目的进行相应的擢升或贬黜；如果民众发现专制权力被多次试探性地使用，而宗教对此也上下其手（虽然他们公开声明反对），准备随时加以采用，并对实施者给予尽可能多的支持，即便这种做法行不通，也仍然一如既往地支持并更加醉心于此；如果一连串的行为表明咨议会都倾向于此道，怎能不让人深信事情正在朝着这个方向发展呢？如果他相信自己搭乘的那艘船的船长正将他和其他乘客载往阿尔及尔受奴役，当时他发现船长总是在这个航线上前进，即使因逆风、漏水以及船员和给养匮乏而迫使他在一段时间内变更航线，但是只要风向、气候和其他条件允许，船就会再次回到航线上来，他怎么会不去想方设法自救呢？

在英格兰，帮助国王并随国王治理王国的顾问班子称作"咨议会"（council）。1536年前后，经辅佐亨利八世的托马斯·克伦威尔重组后，成为枢密院。图为克伦威尔。

# 第十九章　论政府的解体

## 经典名句

- 立法机关是赋予国家形式、生命和统一的灵魂，众多成员由此才会彼此相互影响、彼此支持和互相联系。
- 社会的本质和结合就在于有一个统一的意志，而一旦大多数人建立了立法机关，它就能宣示这一意志，并且可以保有这一意志。
- 当人们加入社会和公民政府时，就将武力排除在外，而引入法律保护他们彼此的财产、和平和统一。

发生在18世纪晚期的法国大革命,对法国历史及全欧洲都产生了深远的影响。

§ 211 如果一个人想条理清晰地论述政府解体,首先应该对社会解体和政府解体进行区分。每个人与其他人达成的协议使人们组成共同体,并脱离松散的自然状态而成为一个政治社会,他们结合在一起作为一个整体采取行动,从而成为一个单独的国家。外国武力入侵征服他们是解散这种联盟的通常方法,也几乎是唯一的方法。在这种情况下(他们不能作为一个完整独立的整体而自我保护和维持),属于这个由他们自己构成的整体的联盟必然会终止,因此每个人又回到了以前所处的状态,他们可以在其他社会里随意按自己认为合适的方式自谋生计,并为自己的安全做好必要的安排。当社会解体时,这个社会的政府无疑也会不复存在。因此征服者的刀剑往往会将政府齐根切掉,使社会四分五裂,使被征服或涣散的民众脱离这个社会的保护以及对这个社会的依赖,而这个社会本来应该保护他们不受暴力侵害的。世人对这种政府解散的方式早已耳熟能详,且因不容易接受这种方式而对其无法容忍,因此对这个问题不再赘述。在社会解体的情况下,政府也会不复存在,这无需多加证明。这就好比房屋的材料被一阵飓风刮得七零八落,或被一场地震摧毁成了一堆残垣断壁,那么房子的框架结构也将难以保存下来。

§212 除了这种来自政府外部的颠覆之外,政府还会从内部解体:

第一,是当立法机关发生变更时。公民社会作为一种和平状态,存在于身处其中的人们之间。为了消弭彼此之间可能产生的一切分歧,由作为仲裁者的立法机关加以解决,将战争状态排除在外。正是通过他们的立法机关,国家成员才联合起来结成了一个协调一致的有机体。立法机关是赋予国家形式、生命和统一的灵魂,众多成员由此才会彼此相互影响、同情和联系。因此,当立法机关遭到破坏或解散时,国家也会随之解体和消亡。社会的本质和结合就在于有一个统一的意志,而一旦大多数人建立了立法机关,它就能宣示这一意志,并且可以保有这一意志。立法机关的组织法是社会首要的基本法令,这一规定是为他们之间结合的延续而制定的,它必须受那些由民众同意或任命的人指导以及这些人授权制定的法律的约束。如果没有民众的同意或任命,他们中的任何一个人或几个人都没有权利制定约束其他人的法律。如果民众并未任命他们中的一个人或多个人这么做,而他们擅自制定法律,那么这种法律是没有权威的,因而民众没有必要服从。通过这种方式,民众可以再次摆脱征服,组建一个他们认为最好的新立法机关,对那些未经授权而欲强加任何东西给他们的人,他们有充分的自由反抗。如果那些由社会授权表达公共意志的人被排除在立法机关之外,而被那些没有这种权威或未经授权的其他人篡夺了这一职位,那么每个人就可以按照自己的意志行事。

§213 这通常是由国内滥用权力的人造成的。如果我们不知道这是在哪种政府形式下发生的,那么我们就很难正确理解这个问题,也很难确定应该由谁承担责任。让我们假设这一立法机关中同时安排了三种不同的人:

1. 一个世袭的人,享有永久最高执行权,凭借这一权力,并享有在一段时期内召集或解散其他两者的权力。

2. 一个由世袭贵族组成的议会。

3. 一个由民众选举临时代表组成的议会。

如果政府形式是这样的,那么很明显:

§214 首先,当这个世袭的个人或君主用自己的专断意志取代由立法机关表达的作为社会意志的法律时,那么立法机关就被变更了。当立法机关仍有效力时,其规则和法律就应付诸实施,并需要服从。如果制定并实施的是其他伪称的法律规则,而不是由社会组建的立法机关颁布的,那么显而易见,立法机关被变更了。不管是谁,只要他未经社会最初任命的授权就推行新法律或推翻原有的法律,那么他就否认和颠覆了这种制定法律的权力,从而建立了一个新的立法机关。

§215 其次,如果君主阻碍立法机关如期召开会议,或阻止立法机关依据当初组建它的目的自由行事,那么立法机关就被变更了。这不在于人数的多寡和召开会议次数的多少,而在于他们是否也有辩论的自由和充分的闲暇实现立法机关所在社会的利益。如果这些被剥夺或被变更,以致使民众不能正当行使他们的权力,那么立法机关就真的被变更了。组成政府的并不是各种名称,而是伴随这些名称的诸项权力的运用和行使。因此,如果谁剥夺立法机关的自由或妨碍立法机关在适当的时候行使权力,那么他就在事实上取消了立法机关,并终结了政府。

**§216** 再次,在未经同意且在与公众的共同利益相悖的情况下,如果君主使用专制权力变更选举人或选举方式,那么这也是变更了立法机关。这是因为,如果参加选举的不是社会授权的人,或运用其他方式而不是以社会规定的方式选举,那么那些当选者就不是民众任命的立法者。

**§217** 最后,如果君主或立法机关使民众臣服于外国的权力,这就必然会变更立法机关,从而导致政府解体。民众加入社会的目的在于保持一个完整、自由和独立的社会,并受这个社会自身法律的统治。不论何时,如果他们被交给另一个权力统治,那么这一目的就丧失了。

**§218** 在这样一种政体下,为什么政府在这些情况下解体要归咎于君主是显而易见的,因为君主可以利用国家的武力、财富和政府机关,并且他还常常说服自己,或由于别人的阿谀奉承而认为自己身为最高统治者可以不受约束。只有他才能以合法权威为借口,在这些改革中取得巨大进步,并且他还可以利用手中掌握的这种合法权威恫吓或镇压反对者,视他们为国家的反叛者、煽动暴乱者和敌人。然而,若没有发动公开明显的叛乱,并足以引起充分的关注,那么立法机关的任何其他部分或民众都不能试图仅凭自身擅自变更立法机关;如果叛乱成功,其产生的影响绝不亚于外国的征服。除此之外,在这种政府形式之下的君主有权力解散立法机关的其他部分,从而使他们成为普通人,但他们绝不能反对他,或未经他同意就依据一项法律变更立法机关,因为批准他们的法令必须征得他的同意。但是,只要立法机关的其他部分以任何方式推波助澜反对政府,并且确实有煽动之举或他们有责任阻止这些图谋却没有这么做,那么他们是有罪的,并且参与其中必然是人们彼此之间所能犯下的最大罪行。

§ 219 这种政府解体还有另一种方式,那就是掌握最高行政权的人玩忽职守或放弃职责,致使制定的法律无法得到贯彻执行。这显然会使一切陷入无政府状态,并实际上使政府解体。法律并不是为他们自己制定的,而是借助于他们的执行,使法律成为社会的约束,使国家的各个组成部分各司其职并各负其责。当这些完全停止时,政府显然也就不复存在了,民众也就变成了没有秩序或联系的乌合之众。如果这里不再有司法行政保障人们的权利,在共同体内也没有持久的权力指挥军队,或者为公众提供必需品,那么政府也必定会不复存在。如果法律得不到执行,那就跟没有法律一样。我认为,如果一个政府没有法律,那么这在政治上是难以理解的,也是令人难以置信的,并且与人类社会格格不入。

§ 220 在这些情形及类似情形中,当政府解体时,民众可以自由建立一个不同于原先立法机关的新立法机关满足自己的要求,通过改变人员、形式或二者都改变,找到最有利于其安全和利益的形式。社会决不能因为另一个人的过失就丧失与生俱来的最初权利,这些权利是社会用来保护自己的,社会只有依靠稳定的立法机关,并且公平公正地执行由它制定的法律才能做到这一点。但如果等到来不及寻找任何其他补救方法的时候,也无法使用这种补救方法,不过,人类的处境还没有悲惨到这个地步。当原有的立法机关因为受到压迫、阴谋诡计或被移交给外国势力而不复存在时,才告诉民众,他们可以建立新的立法机关满足自己的要求,这无异于在危机为时已晚、灾祸无可挽救的时候告诉他们,他们可以期待救赎。这实际上是先让他们做奴隶,然后再为他们争取自由;当他们戴上枷锁以后才告诉他们,他们可以像自由人一样行事。如果真是如此,那么这样做就不是救赎,而是愚弄。直到人们完全处于暴政统治之前,如果他们没有办法逃脱,那么他们就会永远受暴政的侵害。因此,他们不仅享有摆脱暴政的权利,还享有阻止暴政的权利。

§ 221 第二,因此政府解体还有另一种方式,那就是当立法机关或君主,这二者中的任何一方的行动违背他们的委托时,政府就会解体。

首先,当他们企图侵占臣民的财产,并使他们自己或社会的任何部分成为民众生命、自由或财富的主人或专制处置者时,那么立法机关就背弃了他们所受的委托。

§ 222 人们加入社会的理由是保护他们的财产;他们之所以要选择一个立法机关并授权给它,目的是制定法律和确立规则,从而保护社会所有成员的财产,并限制社会每一部分和每个成员的权力,节制他们的统治权。因为社会意志绝不应该被认为是立法机关有权破坏每个人通过加入社会而想要获得的安全,以及有权毁灭那些民众服从的由他们自己选出的立法者。无论何时，当立法者试图剥夺和毁坏民众的财产，或使民众受专制权力奴役时，他们就使自己与民众处于战争状态了，于是民众就被免除了继续服从的义务，并被交由共同的庇护所保护，这是上帝为所有人反抗武力和暴行而提供的。因此，立法机关无论何时违反了社会的基本原则，并因受野心、恐惧、愚蠢和腐化堕落的驱使而试图控制民众，或将绝对权力交给任何其他人来控制民众的生命、自由和财产，他们这样就背弃了委托，从而丧失了民众出于完全相反的目的而交给他们的权力。这种权力会回到民众手中，他们有权利恢复自己原来的自由状态，并通过建立新的立法机关（比如他们认为合适的立法机关）谋求他们自己的安全和保障，这正是他们加入社会的目的。我在这里所提及的有关立法机关的内容，一般也同样适用于最高执行者，因为他受有双重委托，既能参与立法机关，又是法律的最高执行者。当他以自己的专断意志当作社会的法律，那么他就违反了这双重委托。如果他利用武力、财富和社会的政府机关贿赂代表，让他们实现他的个人目的，或者公然事先限定选民，并限定选民的选择，比如让他们选择那些他通过诱惑、威胁、许诺或其他方式拉拢过来的人，并利用他们选出那些事前答应投谁的票和制定什么法律的人，那么他就也违背了自己所受的委托。因此，这种操纵候选人和选民以及重新改造选举方式的行为，不是要将政府连根拔掉，并破坏公共安全，那又是什么呢？民众为自己保留了选举他们的代表的权利，从而保护他们自己的财产，他们这样做没有其他目的，就是为了能够永远自由地选举代表,并且当选的代表在经过审查和充分的讨论后,根据国家和公共利益的需求决定需要什么,从而自由做出决定和提出建议。那些在没有听到辩论并且没有权衡各方面理由之前就投票的人,是不会这样做的。筹备这样的会议,并试图用那些公开服从其意志的受教唆者取代民众的真正代表和社会的立法者,这毫无疑问是能够遇到的最严重的背信弃义,也是推翻政府这一图谋最彻底的宣告。如果有人为了实现这一目的公然使用酬赏和惩罚,并利用种种伎俩歪曲法律,从而清除和消灭所有阻碍其实现这一图谋的人以及那些不顺从和不同意背叛国家权利的人,因此,这是在做什么就毋庸置疑了。人们在运用权力时,如果与最初建立社会时的委托相悖,那就很容易断定他们在社会中应该享有什么权力,并且每个人都明白,曾经试图做过这种事情的人,再也不会受民众信任了。

§ 223 对于这一点,有人可能会说,民众愚昧无知,总是心怀不满,如果将政府的根基建立在民众摇摆不定的舆论和喜怒无常的性情之上,这会将政府置于毁灭的境地。如果民众对原有的政府不满,他们会设立一个新的立法机关,那么任何政府都不会长久地存在下去。对于这一点,我的回答是:完全相反。民众并不像有些人认为的那样,会轻易脱离原有的政府形式。说服他们改变公认的错误很困难,因为他们在这种政府结构中已经习以为常了。不管这些缺陷是原来固有的,还是因时间的发展或腐败而外在形成的,即便全世界都明白这是改变的机会,但是要改变这些缺陷并非轻而易举的事情。民众对放弃旧制度很不情愿并且感到反感厌恶,虽然这个王国古往今来发生过多次革命,但是仍然保留着由国王、上议院和下议院组成的旧立法机关,或者经过几番徒劳无功的尝试后,仍然又采用了这一制度。不管是什么样的挑衅使一些君主头顶上的王冠被剥夺了,但这并未使民众将王冠交给这个王室之外的其他王室。

§ 224 但有人会说,这种假设为滋生频繁的叛乱埋下了祸根。我对此的回答是:

其一,这一假设并不比其他假设引发更多的叛乱。这是因为,当民众处于悲惨的境地并发现自己遭受专制权力蹂躏时,即使你不遗余力地将统治者吹捧成朱庇特的子孙,说他们是神圣和神明,是真命天子或受命于天,或按你的意愿将他们吹捧成什么人或什么东西,同样的事情仍然会发生。那些普遍受到不公正待遇或权利受到侵犯的民众,一有机会就会摆脱这种压在他们身上的沉重负担。他们期盼并寻求这一机会,即在人类事务的变革、缺陷和机缘巧合中等待时机,而这一机会很少推迟很久才出现。如果他在他那个时代没有见过这样的例子,那么他活在世上的时间一定很短;如果他不能从世界上所有类型的政府中找出相关

朱庇特,是古罗马神话中的众神之王。西方天文学对木星的称呼以其命名。另外拉丁语中的"星期四"这个词也起源于朱庇特的名字,后来影响了许多西方语言。

例子，那么他肯定是读书太少。

§225 其二，我的回答是，这种革命并不会因为公共事务的些微管理不善就发生。对于执政的重大失误、错误的法律和不合时宜的法律以及人性软弱所造成的一切错误，民众都会容忍，不会发动暴乱，并且毫无怨言。如果一连串的滥用权力、敷衍塞责和狡诈欺骗行为都如出一辙，使这一图谋在民众面前一览无余，那么他们就不可能对自己的处境无所察觉，也不可能对自己的前途视而不见。不出所料的是，他们接下来会觉醒，并力图将统治权交给能够保障他们实现最初建立政府的目的的那些人。如果无法做到这一点，即便政府的名称再古老，形式再华丽，也绝不会比自然状态或纯粹无政府状态下的政府更好，而只会更糟。那些弊端都十分严重，而且近在咫尺，但是补救方法却遥不可及，并且更难以令人满意。

§226 其三，我的回答是，当立法者因侵犯民众财产而违背民众委托时，民众有权力借助于一个新的立法机关重新保障他们的安全，这一学说是防范叛乱的最佳保障，也是阻止叛乱的最有效手段。因为叛乱不是反对个人，而是反对建立在政府的宪法和法律基础之上的权威。不管是谁，只要他使用武力破坏法律，且以武力证明他们的违法行为是正当的，那么他们就是真正的反叛者。当人们加入社会和公民政府时，就将武力排除在外，而是引入法律保护他们彼此的财产、和平和统一。如果谁再一次使用武力反对法律，那确实就是叛乱，也就是再次恢复战争状态，成为真正的反叛者。那些掌权者（他们有获得权力的企图、手中有武力的诱惑以及别人对他们的谄媚奉承)最有可能会这么做;因此,防止这种罪恶发生最适合的方式就是向那些受到巨大诱惑而陷入其中的人表明其危险性和非正义性。

§ 227 在前面提到的两种情况中(第212段和第221段),不管是立法机关发生了变更,还是立法者违背了任命他们的目的,那些有罪的人就是犯了叛乱罪。如果任何人使用武力废除了任何社会设立的立法机关,以及立法机关依照他们的委托制定的法律,那么他也就废除了为和平解决人们的一切争端而同意设立的仲裁者,并清除了他们进入战争状态的障碍。他们废除或变更立法机关,就是剥夺了这种未经民众任命或同意就无法享有的裁决权,因而也就破坏了只有民众才能建立的权威,而其他人是不能这么做的;并引入了一种未经公民授权的权力,他们实际上已经陷入战争状态,即未经授权使用武力的状态。因此,他们通过废除社会设立的立法机关(民众同意其各项决定并因此同心协力,将各项决定视作他们自己的意志)解开这个纽结,使民众重新陷入战争状态。正如前面已经表明的,那些使用武力废除立法机关的人是叛乱者,而设立立法者是为了保护民众及其自由和财产,如果这些立法者自己也使用武力侵夺或企图剥夺这些东西,同样也应被视作叛乱者。民众使他们成为和平保护者和守护者,但是他们却使自己与民众处于战争状态,因此他们才是真正罪大恶极的叛乱者。

§ 228 但是,有些人认为这种学说为叛乱埋下了祸根,这些人的意思是说,如果告诉民众,若有人非法图谋剥夺他们的自由和财产，他们就可以不必再服从，或者若他们的最高统治者违背了所受的委托，侵犯他们的财产，他们就可以反对其非法暴力，那么这就会引发内战或内部骚乱，因而这一学说是不被容许的，因为它对世界和平非常有害。那么他们也会说，出于同样的理由，忠厚的人不能反抗盗贼或海盗，因为这会引发骚乱或杀戮。但是，如果在这些情形下发生任何伤害，那么不应归咎于捍卫自身权利的人，而应归咎于侵害其邻居的人。如果无辜忠厚的人为了和平必须平和地放弃自己的一切，交给那些使用暴力的人，那么我希望大家想想，如果世界只是由暴力和掠夺构成，只由强盗和压迫者的利益来维系，那又是一种什么样的和平呢？当羔羊放弃抵抗，任由凶残的恶狼咬断喉咙的时候，谁会认为这是强者和弱者之间值得称道的和平呢？波吕斐摩斯的洞穴为我们提供了这种和平及这种政府的完美范例。在那里，尤利西斯及其同伴们除了等待被吞噬之外，无计可施。毫无疑问，尤利西斯是一个精明谨慎的人，他主张消极服从，通过向同伴们指出和平对于人类的重

尤利西斯也称"奥德修斯"，《荷马史诗》中的人物。他在特洛伊战争中英勇善战，在率领同伴从特洛伊回国途中，因刺瞎独目巨人波吕斐摩斯，得罪了海神波塞冬，从而屡遭波塞冬的阻挠，历尽各种艰辛、危难。他战胜魔女喀耳刻，克服海妖塞壬美妙歌声的诱惑，穿过海怪斯库拉和卡律布狄斯的居地，摆脱神女卡吕普索的七年挽留，最后于第十年侥幸一人回到故土以萨卡，同儿子特勒马科斯一起，杀死纠缠他妻子、挥霍他家财的求婚者，阖家团圆。图为尤利西斯在波吕斐摩斯的洞穴。

要性,以及指出反抗波吕裴摩斯目前对他们享有的权力会造成的弊端,劝诫他们默默地顺从。

§ 229 政府的目的是为人类谋福利。下面哪一种情形对人类最有利?是民众应该永远遭受暴君无限意志的统治,还是应该在统治者逾越法律使用权力,并利用它来毁灭而非保护民众财产的时候,民众应该反抗统治者呢?

§ 230 任何人也不会这样说:只要有一个无事生非或脾气暴虐的人期望变更政府,就会产生伤害。诚然,这些人随时可以挑拨是非,但结果只能是自取灭亡。除非统治者造成的伤害已经很普遍,他们的不轨图谋已经昭然若揭,或他们的企图已经为大多数民众所发觉,否则那些宁可逆来顺受而不用反抗为自己讨回公道的民众并不会奋起反抗。某个特殊的不公平例子或一个不幸的人处处遭受压迫并不会使他们感动。但是,如果他们根据明显的证据普遍认为,侵犯他们权利的图谋正在实施,并且事态发展的总体过程和趋势使他们不得不对统治者的邪恶意图产生强烈怀疑,这应该归咎于谁呢?本来可以避免受到怀疑的他们却使自己处于这一受怀疑的境地,谁能帮助他们呢?如果民众是有理性的人,能够根据他们的发现和感受考虑事情,那还能怪罪民众吗?有些人使事情发展到如此地步而又不想让人们知道事情真相,这难道不是那些人的过错吗?我承认,个人的傲慢、野心和狂暴曾经引起国家的巨大骚乱,派系斗争也曾使许多国家和王国受到致命打击。但是,伤害往往是因为民众的反复无常以及他们渴望摆脱其统治者的合法权威造成的,还是因为统治者傲慢无礼并且竭

第十九章 论政府的解体

力攫取和行使对其民众的专制权力所致呢？究竟是压迫还是抗命最先引起的骚乱，留待公正的历史去评说吧。我相信，无论是统治者还是臣民，只要他用武力侵犯了君主或民众的权利，就为推翻任何合法政府的宪法和体制奠定了基础，我想他因此就犯下了一个人所能犯的最严重的罪行，因而他就应该对政府瓦解导致一个国家发生的流血、掠夺和毁坏等一切伤害负责。谁做了这件事，谁就应当被视为人类的公敌和害群之马，应该受到相应的惩罚。

§ **231** 如果臣民或外国人试图用武力侵占任何民众的财产，那么民众可以用武力进行反抗，这是所有人都一致同意的。但是，对于"君主做了同样的事情，民众也可以予以反抗"这一说法，近来已经被否认了。似乎那些根据法律享有最大特权和最大优势的人因此就享有违反法律的权力，而实际上他们仅仅是因为这些法律才使自己比同胞们处于更加优越的地位。有鉴于此，他们的罪行因此也就更大了，因为他们不仅辜负了根据法律而享有的更多参与，也违背了同胞们给予他们的委托。

§ **232** 无论是谁，只要他在没有权利的情况下使用武力，就像每个人在社会中不受法律的约束而行事一样，他就使自己与他使用武力反对的那些人处于战争状态中了。在这种状态下，以前的约束就都作废了，其他一切权利也不复存在了，每个人都有权利保护自己和抗击侵略者。这一点不言自明，就连那位主张君权神授和君主神圣不可侵犯的伟大卫道士巴克利(Barclay)本人也不得不承认，在一些情形下，民众反抗他们的国王是合法的，而这些话就出现在他试图证明神法禁止民众发动任何形式的叛乱那一章。既然他们在一些情况下可以反抗，那么一切针对君主的反抗并非都是反叛。因此，即使根据他自己的学说，这也是显而易见的。他的原话如下：

> Quod siquis dicat, Ergone populus tyrannicae crudelitati & furori jugulum semper praebebit? Ergone multitude civitates suas fame, ferro, & flamma vastari, seque, conjuges, & liberos fortunae ludibrio & tyranni libidini exponi, inque omnia vitae pericula omnesque miserias & molestias a rege deduci patientur? Num illis quod omni animantium generi est a natura tributum, denegari debet, ut sc. vim vi repellant, seseq; ab injuria, tueantur? Huic breviter responsum sit, Populo universo negari defensionem, quae juris naturalis est, neque ultionem quae praeter naturam est adversus regem concedi debere. Quapropter si rex non in singulares tantum personas aliquot privatum odium exerceat, sed corpus etiam reipublicae, cujus ipse caput est, i. e. totum populum, vel insignem aliquam ejus partem immani & intoleranda saevitia seu tyrannide divexet; populo, quidem hoc casu resistendi ac tuendi se ab injuria potestas competit, sed tuendi se tantum, non

enim in principem invadendi: & restituendae injuriae illatae, non recedendi a debita reverentia propter acceptam injuriam. Praesentem denique impetum propulsandi non vim praeteritam ulciscenti jus habet. Horum enim alterum a natura est, ut vitam scilicet corpusque tueamur. Alterum vero contra naturam, ut inferior de superiori supplicium sumat. Quod itaque populus malum, antequam factum sit, impedire potest, ne fiat, id postquam factum est, in regem authorem sceleris vindicare non potest: populus igitur hoc amplius quam privatus quispiam habet: quod huic, vel ipsis adversariis judicibus, excepto Buchanano, nullum nisi in patientia remedium superest. Cum ille si intolerabilis tyrannus est (modicum enim ferre omnino debet) resistere cum reverentia possit, Barclay contra Monarchom. l. iii. c. 8.

翻译过来就是：

§ 233 但是，如果有人问，民众必须永远对暴君的残忍和狂暴忍气吞声吗？他们必须眼睁睁地看着自己的城市遭受抢掠，被夷为平地，听任自己的妻儿遭受暴君的蹂躏和欺虐，听任他们自己和家庭被他们的国王毁灭，受尽一切贫困和压迫的苦难而仍然坐视不管吗？

自然如此慷慨地允许其他所有生物保护自己免受伤害，难道唯独人类应当被排除在以暴制暴的共同基本权利之外吗？我的回答是：自卫是自然法的一部分，即便是反对君主的自卫，那也不能否认共同体的这种权利。但是决不能允许民众向君主复仇，这是与自然法格格不入的。因此，如果国王憎恨的不仅仅是某些人，而是敌视他自己身为国王的整个国家，并且滥用让人无法容忍的武力残酷地对全体民众或绝大部分民众实行暴政，在这种情况下，民众有权利进行抵抗，并保护自己免受伤害。但是，他们在自卫时必须注意一点，即他们只能保护自己，不能攻击他们的君主。他们可以要求弥补他们遭受的损失，但决不能因为任何愤怒就超越对君主应有的敬畏和尊重范围。他们可以击退当前的攻击，但不应该对君主过去的暴行进行报复。我们保护自己的生命和肢体是很自然的事情，但是下级惩罚上级则不合天理。对于图谋加害于民众的伤害，他们可以在伤害发生之前予以制止，但是在伤害发生之后，即使国王是恶行的始作俑者，那也不应当报复国王。因此，这就是民众全体超越任何个人而享有的基本权利。就连我们的论敌（只有布坎南除外）自己都认为，个人除了忍耐以外没有其他办法，但是民众全体可以在表示尊重的同时反抗无法容忍的暴政，而如果暴政是有节制的，那么他们就应该继续忍受。

§ **234** 因此,这就是那位伟大的君权鼓吹者所能容忍的抵抗程度。

§ **235** 诚然,他徒劳地为反抗添加了两个限制因素。

第一,他认为反抗必须心怀敬意。

第二,反抗必须不能带有报复性和惩罚性。他给出的理由是下级不能惩罚上级。

首先,如何能反抗武力而不还击,或如何心怀敬意地还击,要理解这一点需要一些技巧。一个人在反抗攻击时,只能使用盾牌承受打击,或者手不持剑,以一种更尊敬有加的姿势削弱攻击者的自信和武力。他很快就会停止抵抗,并发现这种防卫只会使他陷入更糟的境地。这种反抗方式与古罗马讽刺诗人尤维纳利斯认为的作战方式一样荒谬,即:"你动手打我时,我就任你打"。因此,搏斗的结果将不可避免地与他在这里描述的结果一样:

这就是穷人的自由:
人们殴打他——他请求,
用拳头殴打他——他哀求,
如果人家让他走开,倒是多少还能保留几颗牙齿。

人们不还击的反抗只是一种想象的反抗,而这种想象的反抗只会有一种结果。因此,他只要能反抗,就必须允许他还击。让我们的作者或其他任何人,将当头一棒

尤维纳利斯(Juvenal,60—140),罗马讽刺诗人,曾创作出反映罗马文化中道德败坏的多部讽刺诗篇。

或迎面一刀与他认为合适的同等敬畏和尊敬联系在一起吧。一个人如果能够调和打击和尊重，那么他也许会渴盼疼痛，渴望遭受人家彬彬有礼而又尊敬的一棒。

其次，他的第二条是下级不能惩罚上级。一般而言，如果他是另一个人的上级，那么这一说法就是正确的。但是，以暴制暴是一种能够使双方平等的战争状态，因而它可以撤销以前那种敬畏、尊重和尊卑的所有关系。由此一来，仅剩的差别就是：反抗非正义攻击者的人比攻击者的地位更有优势。当他胜利时，他有权利惩罚罪人，可以惩罚其扰乱治安，又可以惩罚因此而造成的一切罪恶。因此，巴克利在另一个地方更加明确了他的观点，否认在任何情况下反抗国王是合法的，但是他在那里也指出了一个国王会丧失国王地位的两种情况。他的原话是：

> Quid ergo, nulline casus incidere possunt quibus populo sese erigere atque in regem impotentius dominantem arma capere & invadere jure suo suaque authoritate liceat? Nulli certe quamdiu rex manet. Semper enim ex divinis id obstat, Regem honorificato; & qui potestati resistit, Dei ordinationi resisit: non alias igitur in eum populo potestas est quam si id committat propter quod ipso jure rex esse desinat. Tunc enim se ipse principatu exuit atque in privatis constituit liber: hoc modo populus & superior efficitur, reverso ad eum sc. jure illo quod ante regem inauguratum in interregno

habuit. At sunt paucorum generum commissa ejusmodi quae hunc effectum pariunt. At ego cum plurima animo perlustrem, duo tantum invenio, duos, inquam, casus quibus rex ipso facto ex rege non regem se facit & omni honore & dignitate regali atque in subditos potestate destituit; quorum etiam meminit Winzerus. Horum unus est, Si regnum disperdat, quemadmodum de Nerone fertur, quod is nempe senatum populumque Romanum, atque adeo urbem ipsam ferro flammaque vastare, ac novas sibi sedes quaerere decrevisset. Et de Caligula, quod palam denunciarit se neque civem neque principem senatui amplius fore, inque animo habuerit interempto utriusque ordinis electissimo quoque Alexandriam commigrare, ac ut populum uno ictu interimeret, unam ei cervicem optavit. Talia cum rex aliquis meditator & molitur serio, omnem regnandi curam & animum ilico abjicit, ac proinde imperium in subditos amittit, ut dominus servi pro derelicto habiti dominium.

§ 236 Alter casus est, Si rex in alicujus clientelam se contulit, ac regnum quod liberum a majoribus & populo traditum accepit, alienae ditioni mancipavit. Nam tunc quamvis forte non ea mente id agit populo plane ut incommodet: tamen quia quod praecipuum est regiae dignitatis amifit, ut summus scilicet in regno secundum Deum sit, & solo Deo inferior, atque populum etiam totum ignorantem vel invitum, cujus libertatem sartam & tectam conservare debuit, in alterius gentis ditionem & potestatem dedidit; hac velut quadam regni ab alienatione effecit, ut nec quod ipse in regno imperium habuit retineat, nec in eum cui collatum voluit, juris quicquam transferat; atque ita eo facto liberum jam & suae potestatis populum relinquit, cujus rei exemplum unum annales Scotici suppeditant. Barclay contra Monarchom. 1. iii. c. 16.

翻译过来就是：

§ 237 那么,民众根据法律和他们自己的权力进行自救,拿起武器攻击那个对他们专横跋扈的国王,这种情况不会发生吗?当他还是国王的时候,就根本不会发生。"尊崇国王"和"一个人反抗国王的权力,就是反抗上帝的法令"是神谕,它永远不许民众这么做。除非他做出了一些使他不再是国王的事情,否则民众永远不能享有支配国王的权力。因为他自己放弃了王冠和封号,回到了普通人状态,因此民众就获得了自由和至高权力,他们在加冕他为国王之前的空位时期所享有的权力又再次回到他们手中。但是很少会有不端行为能使事情发展到如此地步。在对各个方面进行全面考量之后,我发现有两种情况。我认为这两种情况会使国王事实上不再会是国王,并丧失他对民众享有的一切权力和合法权威。温泽鲁斯(Winzerus)也注意到了这一点。

第一种情况是国王妄图推翻政府,也就是说,国王蓄意图谋毁灭王国和国家。比如历史上记载的罗马暴君尼禄,他决意铲除罗马的元老院和公民大会,用火与剑将罗马城夷为废墟,然后另觅他处。又比如卡里古拉,他曾公开宣布,他不再是公民大会或元老院的元首,他早已图谋铲除这两个阶层中的精英,然后退隐亚历山大城。他是多么希望民众只有一个脖子,这样他就可以一下子铲除他们。当君主心怀这种图谋并认真推动加以实现时,他就立即放弃了对国家的全部关爱和关心,因而也就丧失了统治臣民的权力,如同奴隶主抛弃了他的奴隶就丧失了统治他们的权力一样。

卡里古拉(Caligula)是位有名的暴君,即罗马帝国朱利亚·克劳狄王朝的第三位皇帝盖约·凯撒,"卡里古拉"是他的别名。"Caligula"是拉丁文,意思是小军靴,源于他婴儿时代随父驻守前线时穿的儿童军靴。

§238 第二种情况是国王依附于另一个国王,并将他的祖先传下来的由民众自由交与他的王国交给另一个国王统治。他可能并非故意侵害民众,但是他因此失去了国王尊严中最重要的部分,即在王国内享有仅次于和最贴近上帝的至高权力,并且他背叛了民众,而且迫使他的臣民服从外国的权力和统治,而民众的自由本来是他应该悉心保护的。可以说,他通过这一行为让渡了王国,是他自己丧失了以前享有的权力,而没有将任何权利转交给将要被授予的人。因此,他的这一行为使民众获得了自由,由他们自己决定命运。这样的例子也可以在苏格兰历史中找到。

§239 在这些情况中,作为君主专制伟大卫道士的巴克利也不得不承认,民众可以反抗国王,并且国王也可以不再是国王。我们不需要旁征博引,简而言之,不论是谁,只要他没有权威,他就不是国王,民众就可以反抗他。在没有权威的地方,国王也就不复存在了,这样国王也就变得与其他没有权威的人一样了。他列举的这两种情况与上述毁灭政府的情况差异不大,唯一不同的是他遗漏了他这一学说的起源,也就是说,违背委托,没有保护民众同意的政府形式,没有实现政府自身的目的即公共利益和保护财产。当国王失去王位,并使自己与民众处于战争状态时,还有什么能阻止民众控诉这个已经不是国王的人呢?巴克利和那些持有相同看法的人最好能回答我们。此外,我希望大家注意巴克利的另一句话,他说:"对于图谋加害于民众的伤害,民众可以在伤害发生之前予以制止。"由此可看出,他允许反抗尚在酝酿之中的图谋。(他说)"当君主心怀这种图谋并认真推动实现时,他就立即放弃了他对国家的全部关爱和关心。"因此,根据他的看法,忽视公共利益可以被视为这种图谋的证据,或至少是反抗的充分理由。他用下面这句话总结了全部理由:"因为他背叛并强迫他的臣民,而他们的自由本来是他应该悉心保护的。"他后来加上的"服从外国的权力和统治"这句话毫无意义,因为国王的错误和丧失权力的原因在于使民众失去了本应由他保护的自由,而不在于民众臣服于谁的统治。不管他们成了自己国家的奴隶还是外国的奴隶,民众的权利同样都受到了侵犯,他们的自由也都丧失了。这就是他们所受的伤害,并且也是他们唯一可以用防卫权利来反抗的伤害。在所有的国家中,都可以找到这样的例子证明,造成伤害的并非是统治者所代表的国家的变化,而是政府的变更。贝尔森(Bilson)是教会的一位主教,也是一位君主权力和特权的坚定支持者,如果我没有弄错的话,他曾在其《论基督徒的服从》一文中承认,君主可能会丧失使臣民服从于他们的权力和权利。如果在理由如此浅显易懂的情况下仍需要权威典籍佐证,我可以介绍读者读读布雷克顿(Bracton)、福蒂斯丘(Fortescue)、《镜鉴》的作者以及其他人的著作,我们不能怀疑这些作者不了解我们的政府或怀疑他们与政府为敌。但是我认为,只胡克一个人就足以使认为实现教会政体依赖于他的那些人满意,他们在一种奇怪命运的驱使下,否认了胡克构建其理论的那些原则。他们最好留心一下,他们在这里是否成了那些狡诈之人的傀儡,将他们自己的建筑都拆毁了。我可以肯定的是,他们的社会政策对统治者和民众都如此标新立异、如此危险,并且如此具有毁灭性,以至于从前决不允许提出这些政策讨论。或许可以期待，那些从埃及监工的压迫中被解救出来的人，在将来会痛恨想起这些奴颜婢膝的谄媚者，他们看似有用，实则将一切统治都变成了绝对暴政，并使所有人生来就处于奴役状态，正好配得上他们卑贱的灵魂。

§240 在这里，有人可能会提出一个老生常谈的问题：谁来裁决君主或立法机关的行为违背委托呢？当君主只行使其应享有的君主特权时，那些心怀不轨和搞派系的人可能会在民众中间散布这个疑问。我对这个问题的回答是，民众是应然的裁决者。受托人或代表是否表现良好，是否恪守他所受的委托，除了委托人之外，还有谁应该来担当裁决者呢？当他无法履行委托时，委托他的人必然有抛弃他的权力。如果这在针对普通人的特殊情况下是合理的，那么在关乎数百万人的幸福，并且若不加以阻止就会使伤害更大、补救会很困难、代价会很高昂且非常危险的最紧要关头，为什么就不合理了呢？

§241 进而言之，这个问题（谁应该是裁决者？）并不意味着根本不存在裁决者。如果在人世间没有法官裁决人们之间的争执，那么天国的上帝就是裁决者。诚然，只有他自己才是正义的裁决者。正如其他所有情形一样，是否是另一个人使自己与他处于战争状态，以及他是否应该像耶弗他那样诉诸最高裁决者，这由每个人自行裁决。

§242 如果君主与一些民众发生了争执，但法律对这个问题没有规定或规定模棱两可而又事关重大，在这种情况下，我认为合适的裁决者应该是全体民众。在君主受到委托且免受普通法律规则约束的情况下，如果有人发现自己受到了伤害，认为君主违背了委托或超出了委托范围，那么谁能像全体民众（最初是民众将委托给予了他）那样适合来裁决他们当初给予委托的范围呢？但是，如果君主或掌权者拒绝这种裁决方式，那就只能诉诸上天了。如果使用武力的任何一方在人世间找不到公认的尊长或当时不容许人们诉诸人世间的裁决者，那么这在严格意义上就是一种战争状态，只能诉诸上天。在这种状态下，受到伤害的一方必须由自己判断什么时候适合使用这种申诉，并付诸实施。

§ 243 总而言之，只要社会存在，那么每个人加入政治社会时交给社会的权力，就不能再次归还给个人，而会永远保留在共同体中。这是因为，如果没有这种权利，就没有共同体，也没有国家，而这也是与最初的协议相违背的。因此，如果社会将立法权交给由若干人组成的议会，由他们及其继承者延续下去，并规定了继承者产生的范围和职权，那么只要政府继续存在，立法机关就无法再次将权力交给民众。因为他们已经赋予了立法机关永远存在的权力，因而就放弃了自己的政治权力，并将这个权力交给了立法机关，也就无法再收回了。但是，如果他们规定了立法机关的任期，使任何个人或议会只能暂时享有最高权力，或掌权者因不端行为而丧失了权力，那么在他们丧失权力或规定的任期届满时，这种权力就会重新归还于社会，此时民众有权利行使最高权力，并由他们自己亲自继续行使立法权，或者建立一种新的政府形式，抑或是在原有政府形式下，将立法权交给他们认为合适的新人。